残業ゼロがすべてを解決する

株式会社武蔵野 代表取締役社長
小山 昇

ダイヤモンド社

プロローグ

なぜ、「超ブラック企業」が「超ホワイト企業」になったのか？

●──武蔵野からついに出た「犯罪者の正体」

私が株式会社武蔵野の社長に就任したのは、バブル絶頂期の１９８９年です。

当時の武蔵野は、とにかく猛者揃い。学歴も高く、中卒が２人で、残りは限りなく中卒に近い高卒でした。

幹部の16人中５人は、元暴走族でした。

「多摩地区全域をシメていたスケバン」も、「世代を超えた伝説の特攻隊長」として名を馳《は》せた強者もいた。

アロハシャツにバミューダパンツで出社し、営業車に乗ってサーフィンに出かける社員もいました。

また、あろうことか、営業社員の20％は、社内でなんらかの不正に関わっていました。

当時の社員は不良ばかりで、仕事熱心とは言いがたかった。

けれど、そんな彼らが、**唯一「戦力」として活躍するとき**がありました。

どんなときだと思いますか？

ライバル会社との**「縄張り争い（シェア争い）」**のときです。

今だから書けますが、当時はこんな毎日でした。

ライバル会社の営業車を見つければ、いたずらをする。前後左右をわが社の車で取り囲んで動けなくする。ライバル会社の営業マンを見つければ、尾行する。

武蔵野の縄張りに近づいてきたら、「こちら側に一歩でも入ってきたら、どうなっても知らない。けれど、今すぐ引き返せば、何もしない」と脅しをかける。

ライバル会社のオフィスに、「野球」をやりにいった社員もいます。

敵陣に押しかけて、「みなさんと一緒に、野球をやりにきただけですから」と言いながら、バットを振り回す。

そして、「これからは、1000円のマットを500円で扱わないでね。よろしく！」と宣戦布告する。

25年前の話でもう時効ですが、わが社の社員は、武闘派ばかりでした。

普通の会社の社長なら、「警察沙汰にでもなったらどうしよう」「犯罪者が出たらどうしよう」と怖《お》じ気《け》づいたでしょう。

けれど、私はまったくうろたえなかった。

なぜなら、私こそ、**社内一の武闘派**だったからです。

「ライバル対策は、武蔵野のお客様を守るための活動だ」と屁理屈をこね、「捕まっても助けてやるから、思う存分ライバルを潰せ」と言って社員をたきつけたのは、社長の私です。

シェアを奪うためには無茶もたくさんしましたが（私たちも、ライバル会社から同じような仕打ちを受けました）、社員が警察に捕まったことも、ライバル会社から訴えられたこともなかった。犯罪者も出ていない。

元暴走族と言ってもバカではありませんから、やっていいことと、やってはいけないことのギリギリの線引きはわきまえていました。

ところが、驚いたことに、**たったひとりだけ、犯罪に手を染めた人物**がいた。

武蔵野は「日本経営品質賞」（公益財団法人日本生産性本部が創設した企業表彰制度、武蔵野は日本で初めて2度受賞）へのチャレンジを機に（1997年）、社員教育にさらに力を入れ、大きく変わりました。今では、卑怯《ひきょう》な手を使うことも、腕力に頼ることもありません。

でも、その人物だけは、数年前まで、罪を犯し続けていました。

「その人物」とは、いったい誰だと思いますか？

何を隠そう、武蔵野の社長、小山昇です。

犯罪を犯していたのは、「私」でした。

●──罪状は、社員の残業を容認した罪

犯罪と言っても、刑法や民法で裁かれるような犯罪を犯していたわけではありません。

私の罪状は、言うなれば、

「社員の残業を容認した罪」。

けれど、当時の私には、「犯罪を犯している」という意識はありませんでした。なぜなら、

「残業は、減るはずがない」

「社員が遅くまで仕事をするのは当然だ」

「残業を減らせば、会社の利益も減ってしまう」

と思い込んでいたからです。


でも、私の考えは間違っていました。


残業が増えれば、人件費や固定費が増えて、会社の経営を揺るがします。

残業が増えれば、訴訟リスクが増えます（↓167ページに飲食店の実例あり）。

残業が増えれば、社員の健康を損《そこ》ないます。

残業が増えれば、新卒社員がどんどん辞めていきます。

私は、会社にも社員にも、大きなリスクを負わせていたのに、残業を防ぐ努力をまったく怠っていた。

実際に、「社員の残業を容認した罪」という罪状はありませんが、これは、**犯罪と同じ**です。

私は常々、経営サポート会員（武蔵野がコンサルティングをしている会社）を集めては、「社長の無知は犯罪である」と説いていたのに、そんな私が罪を犯していたのだからお恥ずかしい限りです。

●──「ダスキン事業部」＝「ブラック事業部」

1990年代の武蔵野は、**漆黒暗黒《しっこくあんこく》の超・超・超ブラック企業**でした。

社員の久木野厚則（ITソリューション事業部長）と小林哲也（ダスキンクリーンサービス事業部長）は、入社早々、わが社の企業体質に「目を疑った」と言います。

「武蔵野へ面接にきた日のことは、今でも鮮明に覚えています。ダスキンの会社なのに驚

くほど会社が汚くて（笑）、玄関の脇で5、6人の社員がたむろしていて、みんな頭に剃《そ》り込みが入っていたんです」（久木野）

「入社初日にやらされた仕事が、ライバル会社を『尾行すること』でした（笑）。ライバルの営業マンが武蔵野のエリアに入ってきそうになったら、『向こうに行け』と言う（脅す）のが仕事です」（小林）

久木野と小林が入社時に配属された「ダスキン事業部」の別名は、**「ブラック事業部」**でした。

「週休2日、9〜17時」の求人広告を出していたものの、実際には、コンビニエンスストア「セブンイレブン」開店当初の営業時間（7〜23時）を超えた勤務体系で、**「週休1日、午前7〜翌1時勤務」状態**だったからです。

アルバイトで入社した久木野は、すぐに「ブラック事業部」の洗礼を浴びました。

「1日に訪問するお客様の数が、尋常ではなかった。多いときで、**『1日に170軒』**も回らされましたから……。同業他社の中には、1日に10～20軒しか回らない営業マンもいたので、それを考えると、武蔵野は正気の沙汰ではありません（笑）。『週休2日、9～17時』だと思って入社したのに、朝7時に出社して、夜中の1時頃家に帰る日もしょっちゅうでした。その後、ルートセールスから新規部門（インターネットのプロバイダ部門）に異動になったときは、『これでやっと深夜残業がなくなる』と思っていたのに、まったく逆でした。会社に泊まり込む日が続いた。布団なんてありませんから、ダンボールを床に敷いて寝ていました」（久木野）

バンドを組み、ロックスターを夢見ていた小林は、音楽事務所の解散を機に、武蔵野で働くことになりました。

ギターをホウキに持ち替えた小林は、わが社で「気合と根性の本当の意味を知った」と言います。

「武蔵野に、夢はなかったですね（笑）。上司の指導はそれはもう丁寧で、私が質問をすると、返ってくる答えはいつも、**『うるせぇ、やれよ！』**でした（笑）。辞めていくスタッフもたくさんいましたが、『辞める』ことが先輩に知れると何をされるかわからないから（笑）、みんな『**逃亡**』していました。要するに、**夜逃げ**です。ただ不思議と、私は辞めようとは思わなかったですね。当時の武蔵野には、部活の延長みたいなノリがあったし、辞めずに残っている社員の一体感も強かったので、勤務時間が長くても、面白かったです。社長が率先してライバルを潰しにいく会社なんて、なかなかないですから」（小林）

●――どうして残業は「犯罪」なのか？

では、どうして**残業は「犯罪」**なのでしょうか。

どうして残業をなくさなければいけないのでしょうか。

その理由は第1章で詳しく説明しますが、端的に言うと、「今の時代においてはマイナスでしかないから」です。

厚生労働省が発表した2016年6月分の有効求人倍率（季節調整値）は、「1・37倍」

の高水準（東京都に限っては2・05倍）。雇用環境は「超売り手市場」に移行し、大きく変化しています。

これまでは、「人が辞めても、新しい人を採用すればいい」と考えることができたが、超売り手市場では、中小企業が新規採用をするのは難しくなる。

ということは、優秀な社員の定着率を上げるためにも、これから新しい人材を確保するためにも、今一度、**人事の仕組み**を見直さなければなりません。

また、新卒社員のトレンドも変化しています。

いわゆる「ゆとり世代」以前は、「給料が高い会社がいい」と考える学生が多かった。でも、「ゆとり世代」以降は、**「給料はほどほどでいいから、プライベートの時間が多い会社がいい」**と考える学生が増えています。事実、「2016年マイナビ新入社員意識調査」では、「プライベート優先」が2011年の調査以降最高の**56・5%**。過去6年間で**13%以上も増加**しています。

残業や休日出勤が多い会社は、学生にとって人気がなく、残業や休日出勤が多ければ、新卒の離職率を高める原因になります。

世の中とお客様は、常に変化します。そして、その変化のスピードは年々速くなっています。私が２０１４年から残業問題に猛烈に力を注いだのは、**過去の感覚を引きずったままでは、中小企業は生き残ることができないと気づいた**からです。

変化への対応が企業の活路です。

時代に合わせて会社を変えなければ、学生からも従業員からもお客様からも、見放されてしまいます。

たった1か月で200時間削減!「超ブラック」から「超ホワイト」への施策

私はかつて、社員に残業を容認した〝犯罪者〟でした。

今は違うと胸を張って言えますが、過去の罪をつぐなうため、あらゆる策を講じて、残業を減らす取り組みを進めています。

２０１３年まで、わが社の残業時間は、社員ひとりあたり月平均「76時間」で、「月１００時間」に近い残業をする社員が６人いました。

会社の残業が増えるのは（減らないのは）、社員のせいではありません。

社長の責任です。

社長が「うちは人手不足だから、残業はなくならない」「うちの業態だと、時間外労働は仕方がない」と決めつけるから、業務改善が進まない。

残業を減らすために社長が最初にすべきことは、**「残業を減らす」という方針を決定**することです。

そのことに気がついた私は、2015年度の経営計画発表会で、「今期は残業時間月45時間未満を目指す」と発表しました。

「平均76時間」あった残業時間を4割減の45時間未満にするのは、並大抵のことではありません。社員はもとより、発表した私でさえ、実現できるとは思っていませんでした。

社員の中には、「残業が多いのは嫌だけど、少ないのはもっと嫌だ」「残業減は会社にとって都合がいいだけで、社員にとっては迷惑だ」と考える社員もいました。

なぜなら、残業が減ると、残業手当や休日出勤手当が減るからです（↓52ページ）。

そこで私は、「なぜ残業を減らさなければいけないのか」を社員に何度も説明し、そして、「残業が減っても、もらえるお金が減らない（あるいは増える）仕組み」をつくった。その結果、私の予想を大きく上回る成果が得られました。
驚いたことに、残業時間が「45時間」を下回って、**「平均35時間」**つまり半分以下にまで減ったのです。

家事代行サービス・訪問介護サービスを提供する「ホームインステッド事業部」では、由井英明本部長の下、前月対比で**200時間の残業削減**に成功しています（2016年6月と7月の比較／全8ステーションの合計）。

わずか1か月で200時間の残業を削減できたのは、**「今までとは違う考え方」**と**「今までとは違うやり方」**で、業務改善に取り組んだ結果です。

【ホームインステッド事業部が取り組んだおもな施策】

●全従業員にタブレット端末を支給し、**情報共有とフィールド（現場）での効率化**を図る
●毎朝のミーティングで**終了時間・退社時間を確認**し、逆算して日常業務の対策を共有する。終了時間を決めることで、「その時間までには絶対に仕事を終わらせる」という意識が高くなり、集中力と緊張感を持って仕事ができる

●残業は**申告制**とし、上司の許可なく残業をしてはいけない。残業する理由を明記するようにすると、「仕事をしているフリ」がなくなる
●やらなくていいことを決める。その日に終わらせなくてもいい業務は、「翌日」に振り替えてもいい
●**毎月「実行計画ミーティング」**を設けて、「どうすれば残業を減らすことができるのか」を従業員で話し合い、業務改善に役立てる

●――「残業ゼロ」は新卒採用の最強の武器

また、残業が減るに従い、**社員の離職率も低く**なった。

わが社は、社員210名（総従業員は約850名）中、「課長職以上」が70人を超えています。**70人以上の管理職の中で、過去7年以内に辞めた人は、八木澤学ひとりだけです。**

でも、辞めた八木澤課長も戻ってきているので、実質ゼロです。

新卒は、**2014年度に15人採用して、1年未満で辞めた社員はひとりだけ**です（会社に不満があったわけではなく、病気による退職）。

2015年度に至っては、25人採用して、ひとりも辞めていません。

採用を統括している小嶺淳本部長は「今の武蔵野は、自分が入社した当初と同じ会社だとは思えない」と感じています。

「今の労働環境は、私が入社した14年前と比べて、**天と地ほど違います**。私は現在、新卒社員の採用を担当していますが、今の若い人たちは『給料よりも休み』を優先する傾向にあります。こうした若者に関心を持ってもらうためには、『休日出勤と残業が少ない会社』にしなければいけません。

残業への取り組みを本格化してから、武蔵野に対する学生の関心が高くなったのは明らかです。『**残業をなくす**』**ことは、新卒を採用する企業にとって**『**最強の武器**』だと実感しています」（小嶺）

以前は、「週休1日、7～翌1時勤務」が当たり前だった「ブラック事業部」は、現在、「ホワイト事業部」へと変わり、前述した小林と久木野が揃って、「信じられない」と目を見張るほど、労働環境が改善されています。

そして、**「逃亡」する以外に辞める方法がなかった武蔵野は、現在、社員が辞めない会社**へと変わりました。

●たった2年強で1億5000万円削減！過去最高益を更新しながら人件費大幅減

わが社は、残業改革前と比較すると、**社員換算で「1億円」、パート・アルバイトも含めると「1億5000万円」の人件費削減**に成功しました。

通常、労働時間が短くなれば、それだけ売上や利益も減ると思われがちですが、わが社は違います。

左の図のように、2014年3月の月間平均残業時間は57時間18分でしたが、2016年7月は24時間41分と**56・9%ダウン**しました。にもかかわらず、この間、売上アップ率は**123・8%**となっています。

残業を減らせば減らすほど業務改善が進んで、**過去最高売上、過去最高益を更新**。経常利益は5億円になりました（販売促進費を6億円使っているので、実質的な経常利益は11億円）。

■——武蔵野の「平均残業時間」と「売上」推移

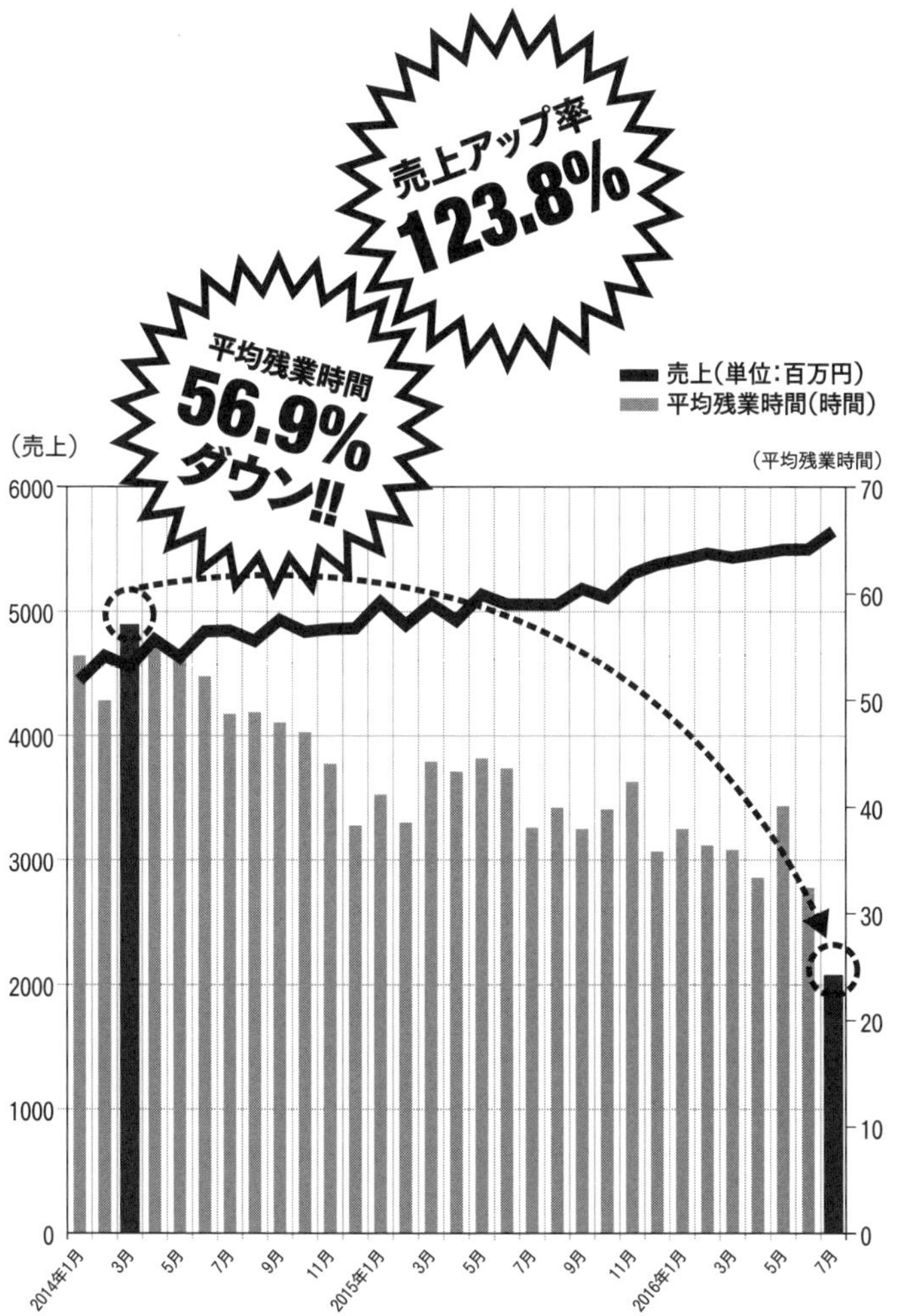

つまり**過去最高売上・最高益を更新しながら、大幅な人件費減を達成**したわけです。この間、解雇などのリストラは一切していません。

同時に、従業員の可処分所得をできるだけ下げないよう、残業減の一定基準を満たした**パートには賞与を倍**にしたり、**社員のベースアップ（ベアではない）と賞与の増加**を図った結果、離職率も大幅に下がった。

結果、定時退社が増え、社員同士が一緒に飲みに行く時間ができてコミュニケーションがよくなり、健康になって心に余裕も生まれ、家族との時間ができる環境になった。

こんなことは、**私が社長になって28年間、まったくなかったこと**です。

正直に言うと、残業改革を始めた2年前は、こんなにうまくいくとは思わなかった。

でも、「絶対やる！」と宣言してやってみたら、社員同士がうまく競い合ってすぐ結果が出ました。そして、武蔵野でうまくいった事例を業種の違う企業にも横展開したら、うまくいった事例が次々出てきたのです（本書では、残業への取り組みを進めているさまざまな企業を紹介しています）。

●—「残業ゼロがすべてを解決する」理由

「残業ゼロ」に意識と行動を向けると得られるもの。

過去最高売上・最高益の更新、劇的な生産性アップで人件費激減、モチベーションアップで社内活性化、ダラダラ社員がキビキビ動く、新卒採用で最大の武器になる、社員が辞めない会社に変わる、明るく健康で家庭円満になるなど、〝一石七鳥〟の効果です。

まさに、**「残業ゼロがすべてを解決する」**のです。

残業を減らす成功のカギは、**社長の「決意」と「仕組み」**にあります。

人が雇えない今、従来の会社のやり方に若い人を合わせようとすると、失敗します。

そうではなく、**若い人のトレンドに会社を合わせる。これが仕組みづくりの秘訣**です。

かつてわが社は、ライバル会社からも「武蔵野以上にブラックな会社はない」「株式会社ブラック企業」と揶揄《やゆ》されていました。

ところが現在では、**「超ホワイト企業」**に生まれ変わっています。

●──これから一気に広がる「残業ゼロ」の波

小池百合子東京都知事が「夜8時には完全退庁。このことを都庁の新しいルールにしたい」と宣言したり、多くの銀行が夜8時までには退社するようになり、「残業ゼロ」へ一歩を踏み出し始めました。また、電通の女性新入社員の過労自殺により、長時間労働への風当たりは、ますます厳しくなっていくでしょう。

「残業ゼロ」の流れは、今後、急速に行政と民間企業に広がっていきます。今すぐ「残業ゼロ」へ一歩を踏み出す企業とそうでない企業とでは、1年後、大きな違いが生まれ、そこからでは埋めようもない「格差」となって表出してきます。そのときになって、「ああ、やればよかった」と後悔しては遅い！

時代の変化は、あなたの会社の都合を待ってくれません。
時代の変化は、あなたの会社の都合を〝容赦なく〟置いていきます。

「いつかいつかと思うなら今！」

社長！　手を打つのは今しかありません！

本書は、再現性の追求のため、武蔵野だけでなく、飲食、各種メーカー、不動産賃貸、建設、リサイクル、葬儀、物流、ガス販売、薬局、和紙加工、税理士法人、アミューズメント（パチンコ）、水処理、自動車整備、メガネ用品販売、中古パソコン販売、燃料、清掃（ビルメンテナンス）など**全国32社の残業削減（早帰り）の取り組みと「椅子なし改革」**など、従業員の労働環境が劇的に改善するポイントをわかりやすく紹介します。

私からの目線だけでなく、武蔵野のパート・アルバイトや社員の声、現場の第一線で格闘する経営者の喜怒哀楽の声がふんだんに収録されているので、次のアクションへの有益な示唆が得られるかと思います。

私はこれまで、著書やセミナーなどで、「マネこそ最大の創造である」と話してきました。

すると、

「そうは言うけど、武蔵野さんと当社では仕事の内容が違うから、マネできない」

「私と小山社長では事情が違うから、マネできない」

「会社の規模も売上も違うから、あまり参考にならない」

という意見をいただきました。

でも、製造業も小売業も飲食業もサービス業も、**「社員側」から見れば何も変わりません。**

なぜなら、**どの業種でも、「仕事をして給料をもらう」から**です。

どの業種で働く人も、給料や休みや上司に不満があることに変わりはありません。

変わるとしたら、それはたったひとつ。扱う商品（サービス）だけです。

経営の原理原則がどの業種でも同じ以上、わが社と各企業での取り組みが、必ずやみなさまのお役に立てるものと確信しています。

最後に、執筆のお手伝いをしてくださったクロロスの藤吉豊さんと、面白い企画を発案してくださったダイヤモンド社の寺田庸二さんに心からの感謝を申し上げます。

株式会社武蔵野　代表取締役社長　小山　昇

『残業ゼロがすべてを解決する――ダラダラ社員がキビキビ動く9のコツ』――目次

プロローグ
なぜ、「超ブラック企業」が「超ホワイト企業」になったのか？

武蔵野からついに出た「犯罪者の正体」 1
罪状は、社員の残業を容認した罪 4
「ダスキン事業部」＝「ブラック事業部」 6
どうして残業は「犯罪」なのか？ 9
たった1か月で200時間削減！ 「超ブラック」から「超ホワイト」への施策 11
「残業ゼロ」は新卒採用の最強の武器 14
たった2年強で1億5000万円削減！ 過去最高益を更新しながら人件費大幅減 16
「残業ゼロがすべてを解決する」理由 19
これから一気に広がる「残業ゼロ」の波 20

第1章

残業を放置する社長は、犯罪者である

■残業が減るか、減らないかは「社長の決意」がすべて――38
残業を放置する社長は「犯罪者」！ 38
「スーパーウルトラブラック」から「ロマンスグレー」企業へ 40

■残業を減らさなければいけない「4つ」の理由――42
経営者を襲う4大ショック 42
❶消費税増税による雇用・採用の変化 43
人を大切にしない会社は、生き残れない 44
❷新卒社員のトレンドの変化 46
高卒社員は、成人するまで甘やかすのが正しい 48

❸「月45時間以上」の残業は法令違反 50
❹社員の「健康」を重視する機運 51

■残業が「ある」会社と、「ない」会社では社員にとって、どっちがいい会社？ 52
残業減は社長にとっていいだけで社員には「迷惑」 52
社員の残業状態をしっかり把握せよ 54

■ダラダラと会社に残ってしまう「4つ」の理由 56
残業したくないのに、なぜ会社に残るのか？ 56
❶既婚男性は、「残業」を理由に家に帰らない 57
❷独身社員は、さびしい思いをしない 59
❸同僚に話しかけられて集中できない 59
❹上司が「帰りにくい雰囲気」をつくっている 60

第2章

「今と同じやり方」の先にあるのは「地獄」だけ！ 残業をなくす3つの処方せん

■ 経営は「環境適応業」である――62

「現状維持」＝「後退」の時代に　62

過去最高売上でも、今のやり方を捨てる　64

■ 変化を起こしたければ、「風景になっているもの」をなくせ――66

残業改革への3つの処方せん　66

❶「風景になっているもの」をなくす　67

当たり前の「風景」の中に改革のヒントが　68

「労働基準監督署」に目をつけられた社長の運命　70

■「今と同じ人」では変化は起きない――73

同じ人が同じ仕事をやり続けると、仕事が〝風景化〟する　73
❷「人」を入れ替える　73
変化とは「人を変える」こと　75

■「業界の非常識」を取り入れなければ、会社は変わらない――77
❸「業界の非常識」を取り入れる　77
他業界の常識をマネると「業界の非常識」になる　77

■他業界の成功事例をそのままマネる――81
マネは最高の創造　81
チャットワーク導入がデメリットになるとき　83

■業界の悪習に縛られない時代に即した「新しい働き方」改革――84
自動車部品卸商で「未開拓市場」を開拓した営業マン　84
詐欺まがいで、労基法の大切さを痛感した不動産会社　87
労組と協力し、残業時間をどう調整したか？　89

創業181年の老舗で成功した残業削減の仕組み 91
残業削減で得た利益を社員に還元すると活気づく 94
早帰りでも給料が減らない仕組み 94
❶ 社員賞与を120%、パート賞与を200%に増やす 95
能力の低い人がたくさん給料をもらうと、能力のある人が辞めていく 97
❷ 基本給の金額を上げる（ベースアップ） 100
■ 生産性を上げるのに、人件費をケチるな —— 101
人件費を減らして利益を増やす発想はダメ 101
パート・アルバイトの活力が業績に正比例する 103
■ 大切なのは、「始める時間」と「終わりの時間」 —— 106
なぜ「終わりの時間」を決めると、質が高まるのか？ 106
時間に「仕事」を割り振る 109
開店時間を遅くすると、なぜ残業が減るのか？ 110
■ 「終わりの時間」を決めると、仕事のやり方が変わる理由 —— 112

「20時間」残業を「30分」に短縮できた秘密 112
早帰り実績をポイント化し、毎日メール配信 115
制約があると工夫が生まれる 117

■「アナログ」と「デジタル」を使い分ける 118
本社ボロボロ、システム最先端 118
インプットはデジタル、アウトプットはアナログ 121

■残業を減らしたければ、IT投資をケチらない 123
iPad投資を「もったいない」と考えるバカ社長 123
ITツールで情報共有化に成功したパチンコ店 125
値引き交渉はするだけムダ 127
なぜ「1億円」の予算と「1年間」の猶予を与えたか 129

■投資をためらうと、長期的な利益までも失う 131
4000万円かけて最新機器を買った建設会社 131
新卒社員の退職に歯止めをかける秘密兵器 133

第3章

たった2年強で「1億5000万円」を削減した早帰り「9」の取り組み

❶ 常用雇用者にiPadを配布して「空中戦」を展開 136
「3時間」かかっていた棚卸がわずか「30秒」に！ 138
❷ 「ネットワークカメラ」を設置して、営業所内をモニタリング 141
❸ 21時から4時まで、「社内ネットワーク」へのアクセス禁止 144
わずか30分縮めるだけで、年間「2400万円」の削減に成功 146
一度に大きな成果を狙わず、小さな改革を積み重ねよう 148
「終電が当たり前」からどうやって夜8時半退社へ？ 149
❹ オフィスの「施錠時間」をチェックし公表する 150

残業時間を「ポイント制」にして評価と連動 153
残業改革は、社長と幹部がよく話し合うことから 155

❺ 休日に仕事をするときは、事前に「代休」を申請する 156
① 社員の健康を守るため 156
② 社員の家族のため 157

❻ 単純で生産性の低い仕事はアウトソーシングする 158

❼ 企画書は長々書かず、「A4・1枚」のテキトーでいい 160
なぜ、企画は「見切り発車が正しい」のか 161
会議もフォーマット化し、ダラダラ会議を撲滅 162

❽ 環境整備を徹底し、「仕事のムダ」をなくす 164
「掃除」と「環境整備」はどこが違う? 164
定位置&定数管理で残業減! 大好きなお酒がゆっくり飲める 166
「未払い残業代600万円払え!」——元従業員から内容証明が! 167

「残業問題」と「環境整備」を同時に取り組む効果 168
ＰＤＣＡサイクルを回すための最高の練習 170
社員の「仮説検証力」を鍛える環境整備 171
「一歩・一秒・一工程・一関節・一聞《ひとこと》」を削減する「やきとり宮川」 173

❾ 部門横断の「早帰り推進チーム」をつくり、改善スピードを上げる

175
「売上は下がってもいいから、残業時間を減らせ」の指令を受けた「早帰り推進チーム」 176
横断チームが社員の意識を変え、残業が2分の1に 178

第4章

なぜ、「椅子」をなくすと残業が減るのか？

■社長と営業職に椅子はいらない 184
椅子を捨てたら面白いように成績が伸びた課長 184
抵抗勢力にめげずに「椅子なし」を断行 186
「椅子なし」で「ダイエットに成功」!? 188

■会社から「椅子」をなくす4つのメリット 190
社内から椅子をなくすだけで、改善が進む理由 190
❶残業が減る 191
「残業時間ワースト1位」の店舗に「椅子なし」を強制 192
❷「穴熊社員」が減る 195
❸健康になる 197

❹ 変化に対応しやすくなる 198
なぜ、ただのパイプ椅子が1脚8000万円もするのか？ 199

第5章 「辞めない社員」の育て方

■ 武蔵野の新卒社員が辞めない「5つ」の理由 202
新卒25人中退職者ゼロの奇跡 202
新卒社員の定着率を上げる5つの秘策 204
❶ 管理職の数を増やして、「目が行き届く」ようにする 204
❷ 課長職以上は「3年定年制」にする 206
❸ 新卒社員は、入社後1年で異動させる 207
❹ 「インストラクター」と「お世話係」に新卒をフォローさせる 208
❺ 内定者研修を実施する 211

入社前と入社後のギャップを取り除く　212

■社員教育をした優秀な社員が辞めると会社が「得」する!?――214
やむなく社員が辞めてもプラスに考える　214
❶人件費や教育研修費が少なくすむ　215
❷潜在能力の高い社員が入社する　216
❸社内が活性化する　216
❹社会貢献になる　217

■「ダブルキャスト化」で社員の層を厚くせよ――217
中小企業はミュージカルに学べ　217
新卒社員も成果が出せるように、仕組み化を徹底　220

■強い社員を育てるには、早い段階で「量」を与える――221
社員教育で大事なのは、質よりも量　221
どうして「飲み会」を開くほど残業がなくなる?　224
30時間超の残業社員には個別面談　225

【巻末スペシャル】
躍進する「32社の社長」がこっそり教える「残業ゼロ」を実現する5つの秘策——227
❶ 社長が強い「決意」を示す 228
❷ 退社時間を「チェック」する 229
❸ 「終わりの時間」を決める 230
❹ 価値観を共有する 232
❺ 整理・整頓をする 233
エピローグ 235

第1章

残業を
放置する社長は、
犯罪者である

残業が減るか、減らないかは「社長の決意」がすべて

●──残業を放置する社長は「犯罪者」！

会社は、**「社長の決意」**で決まります。

残業を減らすためには、**「残業を放置する社長は、犯罪者と同じである」**ことを肝に銘じて、**「残業を減らす」と決定**することです。

どうすれば残業が減るのか、その具体策は後で考えればいいので、まず減らすと決定する。社長が「どういう会社にするか」を明確にしなければ、会社を変えることはできません。

地域に密着して葬儀をサポートする株式会社マキノ祭典（東京都／葬儀）の牧野昌克社

長も、「残業問題には、社長の決意が絶対に必要」と力説しています。

「残業問題に限らず、会社を変えたいと思うなら、社長自身が『何が何でもやる！』と思わないと、絶対にうまくいきませんよ」（牧野社長）

葬儀社は基本的に、３６５日24時間対応で、宿直があります。夜中に依頼があってもなくても、宿直の社員に手当を払うため、人件費がかかる。また、社員の健康面にも負担を強いる。どの葬儀社にとっても、宿直は大きな課題です。

「私も、月に1回は宿直をしています。なぜなら、宿直をしないと、現場の感覚がわからなくなるからです。実際に自分も宿直をすれば、『ラクじゃない』ことがわかる。夜中に何度も電話を受けると、社員の苦労がわかる。苦労がわかるから『絶対に改善しなければいけない』『ゆくゆくは宿直をやめにしたい』という決意を持てます」（牧野社長）

現在、マキノ祭典では、残業や宿直を減らすための取り組みを始めています。

「まだ完璧にできていませんが、『フレックスタイムを導入してお通夜の当日はお昼出勤にする』『バックヤードをIT化して事務作業の手間を省く』『社員とパートの仕事の役割を見直す』といった工夫をして、就業時間が長くならないように気を配っています。

また、将来的には、『夜間専門グループの立ち上げ』や『夜間運搬のアウトソーシング化』なども検討しています」(牧野社長)

●──「スーパーウルトラブラック」から「ロマンスグレー」企業へ

株式会社プリマベーラ(群馬県/リサイクル)は、群馬県を中心にリサイクルショップを多店舗展開しています。吉川充秀社長は、「残業をなくすには、社長の決意を『**数字**』で示すことが必要」だと考え、経営計画書に数字を明記しています。

「かつては月に100時間以上残業する社員もいて、**スーパーウルトラブラック企業**でした。そこで2年前に、私の決意として、経営計画書に『**月に100時間以上働いてはいけない**』と**明文化**しました」(吉川社長)

しかし、吉川社長が決意表明しても、最初はなかなか残業が減りませんでした。

そこで、吉川社長は、残業時間の見える化に取り組みます。

「言葉は悪いのですが、月に100時間以上働いている社員を『**吊るし上げる**』ことにしたんです。店長会議のときに、『今月の100時間オーバーは、この人とこの人！』と名前をデカデカと書き出して、**公開処刑**にしました（笑）。さらに、100時間以上働いた社員には、**改善計画書**を提出させた。すると、さらし者にはなりたくないし、改善計画書を書くのも面倒なので、100時間をオーバーしないように仕事のやり方を工夫するようになりました。2か月連続で公開処刑された社員は、ほとんどいません」（吉川社長）

社長の決意を数字で示し、そして、それが実行されているかをチェックした結果、プリマベーラの労働環境は改善されています。

「まだホワイト企業になったとは言い切れませんが、**白と黒の間の『ロマンスグレー企業』**にはなれたのかもしれませんね」（吉川社長）

その後、大幅に残業改革が進み、2016年10月、月間平均残業時間がなんと**45時間**になりました。

残業を減らさなければいけない「4つ」の理由

●──経営者を襲う4大ショック

リーマンショック、東日本大震災、熊本地震、消費税増税、円高・円安、少子高齢化、市場の成熟化など、ここ数年、先が見えない状況が続いています。

それでも社長は、「時代がどのように変わっていくのか」を見極め、時代の変化に合わせて会社をつくり変えていかなければなりません。

中小企業が残業を減らす理由も、**時代の変化に対応**するためです。

私は、時代認識として、「今、中小企業を取り巻く経営環境は、『**4つの理由**』から大きな変化にさらされている」と捉えています。

❶ 消費税増税による雇用・採用の変化
❷ 新卒社員のトレンドの変化
❸ 「月45時間以上」の残業は法令違反
❹ 社員の「健康」を重視する機運

❶ 消費税増税による雇用・採用の変化

政府は消費税増税（２０１４年４月）を機に、国債を買い戻し、そのお金が市場に流れ出たことで株価が上向きました。

また、増税したことで公共投資が増え、それに応じて、公共事業を中心に雇用も増えています。

ところが、仕事は増えているのに人手が足りません。人手不足を招いた原因は、２つあります。

ひとつは、新生児の数より亡くなる人の数が増え、**人口が減少**していること。

もうひとつは、最低賃金が上昇したことで就職先の選択肢が増え、**売り手が有利**になったことです。

これまでは、「人が辞めても、新しい人を採用すればいい」と考えることができました。

でも、これからは違います。

その人が辞めたら、次はいない。

増税を境に、**「辞めても次の人がいる時代」から「辞めたら次がいない時代」へと変わったのです。**

社員が辞める。募集をかけても人が集まらない。すると、残った人たちの負担が増えて、組織が疲弊します。そして、疲れ果てた社員がまた辞めていきます。この負のスパイラルの行き着く先は〝倒産〟です。

——人を大切にしない会社は、生き残れない

消費税が上がるまでは、「営業戦略が巧みな会社」や、「販売力のある会社」の業績がよかった。ところが、これからの時代は、**「人を大切にする会社」が生き残る**と私は考えています。

時代が変わっているのに、自社の舵取りを変えないで過去にとらわれていたら、うまく

いかないのは当たり前です。

2014年までのわが社は、「5年以上勤めた社員が『辞める』と言ったら、引きとめない」ルールでした。

ところが現在は、**真逆**です。

人材の獲得が難しいので、**「5年以上勤めた社員が『辞める』と言ったら、全力で引きとめる」**ルールです。

ルールを180度変えた理由は、**時代が180度変わったから**です。

人手不足を解消するには、2つの方法があります。

「人が辞めないような対策を取る」ことがひとつ。

そしてもうひとつは、**「業務改善をして、今いる社員の生産性を上げる」**ことです。

生産性が上がれば、ひとりあたりの労働時間を減らすことが可能です。

武蔵野が**「残業時間を減らしながら、過去最高益を達成している」**のは、世の中の変化（働く人たちの意識の変化）に合わせて、自社の仕組みを変えてきたからです。

❷ 新卒社員のトレンドの変化

わが社は、人材採用にあたって、公益財団法人日本生産性本部が提供している「エナジャイザー（energizer）」というツールを使って適性テストを行っています。

「エナジャイザー」の結果、ここ数年、もう少し具体的に言えば、いわゆる「ゆとり世代」以降、学生のストレス耐性は年々弱くなっています。ストレス耐性がプラス（＝ストレスに強い）と判定された学生は、ほとんどいません。

また、「ゆとり世代」以前は、「ラクをして『給料』が高い会社がいい」と考える学生が多かった。

しかし、「ゆとり世代」以降は、「ラクをして**『休み』が多い**会社がいい」と考える学生が増えています。これは、私の印象評価ではなく、「エナジャイザー」の分析からも明らかです。

つまり、給料よりも休みを優先するのが、今の学生のトレンドです。

そして、❶で説明したように、今は、「辞めたら次がいない時代」ですから、社長は、新卒社員が辞めないためのマネジメントをしなければなりません。

残業や休日出勤が多ければ、新卒社員はすぐに辞めてしまうでしょう。

わが社は、夏休み、年末年始休暇、ゴールデンウィークの他に、**1年に一度、「3日間の連続休暇」**を取れる仕組みがあります。

3連休のヒントは、新卒社員が飲み会の席で「実は土・日・月と3連休ほしいんですよね」と心情を吐露《とろ》したこと。それを聞いた私はすぐ実施することに決めました。

株式会社中村土木建設（愛知県／建設、住宅、リフォーム、不動産）の中村陽公《よしゆき》社長も、残業問題に取り組むことが、新卒社員の定着につながると感じています。

「建設業というだけで、ブラック企業に思われてしまいます。キツイ、汚い、給料が安いの3K。以前は給料がよかったのですが、今は給料が安いですからね。現場監督の仕事は、時間があってないようなもので、遅くまで仕事をするのが当たり前の風潮も根づいています。

『土曜日は休み』と思っていたのに、金曜日の夜に上司から『土曜日も仕事があるから出ろよ』と言われると、新人は『嫌です』とは言えません。しぶしぶ休日出勤をしますが、内心では耐えられない。だから、入社して1、2年で辞めてしまう子もいます。3、4年

いれば、仕事の面白味がわかるのに、それまで我慢できないんです」（中村社長）

中村社長は、「若い人材から見て、魅力のある会社にするには、残業や休日出勤を減らす必要がある」と考え、残業の事前申告、残業の見える化（ホワイトボードに社員の残業時間を書いて掲示する）などの取り組みを始めています。

「まだまだ成果は出ていませんが、『建設業は残業があるもの』と決めつけないで、早帰りの努力を続けていくつもりです。建設業界は残業に対する意識が低い。だからこそ、早く手を打ったほうが生き残れる。市場は小さくなっても、人が定着する会社になれば、まだまだチャンスはある。ライバル会社よりも先に、残業のない『魅力ある会社』にしていきたいですね」（中村社長）

●——高卒社員は、成人するまで甘やかすのが正しい

株式会社関通《かんつう》（大阪府／総合物流）は、eコマースや通信販売、B to Bのお客様に特化し、物流サービスを提供しています。

関通では、毎年、**高卒社員を50人採用**していますが、達城《たつしろ》久裕社長は**「入社後2年間は、新卒を甘やかす」**という方針です。

達城社長が高卒社員を甘やかすのは、残業や休日出勤を強いると、すぐに辞めてしまうからです。本社が大阪なのに「ディズニーランド研修」を行ったり、会社で「成人式」を行うなど、楽しく働ける環境づくりに注力しています。

「成人するまでは子どもと一緒と考えています。**高卒は残業禁止**です。定時になったら帰らせます。遅刻が多い子には、定時を遅くしてあげることもあります。高卒には、仕事の楽しさを感じてもらうことが大事なので、**2年間はムリをさせません**。その代わり、20歳をすぎたら一人前の社員として、自覚を持って働いてもらいます」（達城社長）

甘やかす、と言っても、社員教育には相当力を入れています。

高卒採用の新入社員に新人研修プログラムを組み、「関通大学」と称して、物流センターの仕事や礼儀礼節などを一から教えます。

こうした取り組みがあるから、**関通の高卒者の離職率は、全国平均よりも極端に低い15％台**にとどまっています。

❸「月45時間以上」の残業は法令違反

前に「2015年度の経営計画発表会で、『今期は残業時間月45時間未満を目指す』と発表した」と述べましたが、どうして「45時間」にしたのかと言うと、新聞に「月に45時間以上の残業は違法」とする判例が掲載されたことを覚えていたからです。

判例が出た以上、「45時間以上残業をしている会社」は、社員から訴えられたら負けることになる。そうならないためにも、「残業は45時間未満」にとどめる必要があります。

違法とする根拠は、労働基準法第36条にあります。

労働基準法第36条は「36協定（サブロク協定）」と呼ばれていて、「労働者に法定時間を超えて働かせる場合（残業をさせる場合）、あらかじめ、労働組合または、労働者の代表と協定を結ばなくてはならない」という旨の内容を結んだ協定です。

36協定を結べば、社員に残業をさせることができますが、無制限で残業をさせていいわけではありません。

36協定で定められている「時間外労働の限度時間」（一般の延長限度）は、「1か月45時間」です（事業や業務の性質によっては、例外的に36協定の限度時間が適用されない業務がある）。

❹ 社員の「健康」を重視する機運

〝犯罪者〟だった頃の私には、「社員の健康を守る」という視点が完全に抜けていました。

でも今は、**「会社は、社員の犠牲の上に成り立つものではない」**と考えています。

社員の心と体の健康を守るのは、社長の責務です。

武蔵野は、基本的に「休日出勤は禁止」です。

休日出勤や休日出張で手当がもらえると社員は喜びますが、それが続いて社員の健康を害することがあったら、本当の幸せとは言えない。

お客様都合の休日出勤は、事前に代休の申請がルールです（申請がない場合は、手当は支払いません）。

わが社が「飲み会」にもルールを設けるのは、社員の健康を守るためです。

社員は、「3度のメシよりも飲むのが好き」で（笑）、会社が懇親会に使う費用は、**年間**

2000万円以上です。酒の席で会社の重大事項が決まることもめずらしくありません。

社員同士のコミュニケーションを図るために飲み会は大事ですが、お酒の飲みすぎは不摂生の原因になるため、武蔵野では、**「3次会をやってはいけない日」**を決めています。

「3次会をやってはいけない日」に3次会をした場合は、**反省文（始末書）**を提出する決まりです。

飲み会好きの社員からは、「そこまで小山さんに管理されたくない」と文句が出ましたが、私はこう言い返しました。

「ふざけんな。おまえたちの健康を管理してあげられるのは、オレしかいないだろう！」

社員の健康を保つために、社長が強権を発動するのは、悪いことではありません。

残業が「ある」会社と、「ない」会社では社員にとって、どっちがいい会社？

●――残業減は社長にとっていいだけで社員には「迷惑」

残業が「ある」会社と、残業が「ない」会社では、残業が「ない」会社のほうがいい会社だと思われていますが、**現場（社員）の意見は違います**。

社員にとっては、残業が「ある」会社のほうがいい会社です。

なぜなら、残業をすれば、「残業手当がもらえる」からです。

「ゆとり世代」以降の社員は、「給料よりも休み」「給料よりも早帰り」を優先します。

一方で、「ゆとり世代」以前の社員は、残業が減ったからといって、必ずしも喜ぶわけではありません。

「残業が多すぎるのは困るけれど、残業が少なすぎるのも困る」が彼らの本音です。残業時間が減ると、残業手当や休日出勤手当が減って、結果的に年間総可処分所得（個人所得から税金や社会保険料などを差し引いた手取り収入）が減るからです。

残業手当をもらえば、その分、可処分所得が増えます。

わかりやすく言うと、月20万円の給料をもらっている人が、200時間残業すると、単純計算で給料が約2倍（40万円）になります。

わが社の社員の多くは、残業代込の給料を「生活給」として考えています。

ですから、残業時間が減る（残業代が減る）と**生活設計が狂って死活問題**です。

経営者がしっかり認識しないといけないのは、**残業が減ることは、会社にとって好ましいだけで、社員にとっては迷惑になりうる**ということです。

社員は、「残業が多いのは嫌だけれど、可処分所得が減るのはもっと嫌だ」と考える。だから、残業を減らすと社員が辞めていきます。

したがって、社員を辞めさせないためには、**「残業時間が減っても、可処分所得を減らさない仕組み」**をつくる必要があります。

そこでわが社では、**「前年同月よりも自分の部下の総残業時間が減って業績が下がらなかったら、その部門は賞与を増やす」**などして、可処分所得をできるだけ減らさない工夫をしています（↓94ページ）。

●──社員の残業状態をしっかり把握せよ

株式会社ジェイ・ポート（大阪府／産業廃棄物処理）は、産業廃棄物処理の会社です。

樋下茂社長は、残業減の取り組みの前に**「社員が今、どのような価値観を持っているの**

か」「残業があるほうがいいのか、ないほうがいいのか」を把握することが大事だと考えています。

「残業しがちな社員の多くは、『忙しいから残っている』と言うので、人を増やせば早く帰れると思って増員したが、やっぱり残っている（笑）。経営者としてはお恥ずかしい限りですが、社員が『早く帰りたいのか』『ある程度は残業をしてでもお金がほしいのか』『残業はしたくないけれど、仕方なく遅くまで働いているのか』など社員の考えが見えにくくなっています。そこで、アンケートを取ったり、面談をやりながら、どうして残業がなくならないのか、社員がどのような事情を抱えているのか、その事実を知る必要があります」（樋下社長）

株式会社末吉ネームプレート製作所（神奈川県／ネームプレート製造）は、金属プレート、シール印刷、シルク印刷の３つを軸に、ネームプレートの開発・製造を行う会社です。沼上昌範社長も、「どうして残業が多くなるのか」を見える化することが大切だと言っています。

「残業時間を減らすには、仕事の見える化がとても大事です。なぜ忙しくなるのか、なぜ残業をするのかを把握しなければ、効果的な手を打つことはできません。

忙しくしている社員の場合、仕事の優先順位をつけられないので、**『A／緊急にやらなければいけない仕事』『B／緊急ではないがやらないと困る仕事』『C／重要ではないが急ぎの仕事』『D／やってもやらなくてもいい仕事』の4つに仕事を分類**させています。最初に着手すべきは『A』ですが、残業をする人は『A』の次に『D』に取りかかっているので、**『D』をやめさせる**ことが必要です」（沼上社長）

ダラダラと会社に残ってしまう「4つ」の理由

●──残業したくないのに、なぜ会社に残るのか？

前述のように、わが社の社員は、残業が「ある」会社のほうがいい会社だと思っています。

でも、残業をするのは、仕事が好きだからではありません。お金がほしいからです。残業をしてもしなくても、可処分所得が変わらない。あるいは、残業時間が減っても、今と同じだけ給料をもらえるのであれば、残業をしない社員がまともです。

残業をする一番の理由は、「お金がほしいから」ですが、それ以外にも、ダラダラと会社に残ってしまう理由が「4つ」あります。

【会社に残る4つの理由】
❶ 既婚男性は、「残業」を理由に家に帰らない
❷ 独身社員は、さびしい思いをしない
❸ 同僚に話しかけられて集中できない
❹ 上司が「帰りにくい雰囲気」をつくっている

❶ 既婚男性は、「残業」を理由に家に帰らない

男性社員が定時に会社を追い出されると、家事や育児を手伝うことになります。

けれど残業があれば、家事や育児をしなくてもすみます。
また、「家に居場所がない」「妻が怖い」と思っている社員は、わざと残業を多くすることがあります。

前述の末吉ネームプレート製作所の沼上社長は、「以前は、営業マンの仕事の見える化がされていなかったので、なぜ残業するのか、何が忙しいのか、理由がわからなかった」と言います。

「いつも遅くまで会社に残っている営業マンをつかまえて、『どうして早く家に帰らないのか』を問いただしたら、彼はこう答えた。**『家に帰ると、家庭の仕事をさせられる。だから、帰りたくない』**。遅くまで会社にいれば、家の仕事をしなくてもすみます。だからダラダラと会社に残っていた」（沼上社長）

タイムカードを先に押して帰ったフリを装い、実際には会社に残っている社員もいたそうです。

そこで沼上社長は、事前の残業申請やタイムカードと実際の退社時間のチェックを徹底。

さらに、**残業を賞与に連動させて、「残業が多くなると賞与が少なくなる」ルール**を決めました。

その結果、「家の仕事をしたくない」という理由で残業を続けていた社員も、早く帰るようになったそうです。

❷ 独身社員は、さびしい思いをしない

家に帰ってもすることがないから、残業をする独身社員がいます。

早く帰ってもさびしいだけですが、会社には人がいるので、さびしさが紛れます。

❸ 同僚に話しかけられて集中できない

仕事中に、やたらと話しかける同僚や上司がいます。仕事をしていようが、電話で話していようが、お構いなしです。

同僚や上司との雑談は、信頼関係を築くうえで大切ですが、長時間のおしゃべりは、仕事の手を止めるだけです。

❹ 上司が「帰りにくい雰囲気」をつくっている

社内に「残業するのが当たり前」という雰囲気があると、仕事が早く終わっても、「なんとなく帰りにくい」と感じることがあります。

全社を挙げて残業ができない仕組みをつくり、**強制的に早帰り**をさせることが大切です。

入社6年目の国松美夏は、「残業改革が始まって一番変わったことは、**『帰りやすい雰囲気になったこと』**だ」と話しています。

「今は経理ですが、以前はダスキン小金井支店の内勤で、みなさんより早く帰っていました。当時の残業は月に30時間くらいで、営業の社員に比べたら少ないです。それでもみんな遅くまで会社に残っているので、『なんとなく帰りにくいな』と思いました。それに、武蔵野はみんな仲がいいので、居心地がいいんです。なので、ダラダラと残ってしまいます。ところが今は、上司からも『早く帰れ』と言われます。**強制的に早く帰る仕組み**があるので、気兼ねせずに帰れます。私自身、『早く帰らなければいけない』という気持ちが強くなったので、『早く仕事を終わらせるために、どうすればいいのか』を同じ部署の人たちと考えるようになりました。その結果として、仕事の効率も上がっていると思います」(国松)

第2章

「今と同じやり方」の先にあるのは「地獄」だけ!

残業をなくす3つの処方せん

経営は「環境適応業」である

●──「現状維持」＝「後退」の時代に

恐竜が絶滅した理由をご存知でしょうか？

「巨大隕石の衝突によって滅んだ」「氷河期によって食料がなくなった」など、諸説ありますが、いずれにせよ、**「環境の変化に対応できなかった」**ことが絶滅の原因です。

進化論で有名なイギリスの自然科学者、チャールズ・ダーウィンは、「最も強い者が生き残るのではなく、最も賢い者が生き延びるのでもない。**唯一生き残るのは、変化できる者である**」と説いたそうですが、この主張は、会社経営にもあてはまります。

経営は、「環境適応業」です。

経営は、市場の変化に合わせていち早く自社を変えていくことです。**市場は、秒単位で変化**しています。時代は、予想以上のスピードで変化しています。いつまでも同じところで足踏みしていると、あっというまに取り残されます。あらゆることが猛スピードで変化する時代に、**現状維持は後退と同じ**です。


人は変化を嫌い、現状維持を好みます。なぜなら、変化は失敗のリスクがともなうから。多くの社長は、失うものを数えて、得られるものを数えません。

でも、**私の思考は逆**です。

変化をすれば、確かに失うものがある。私は、**失うものよりも得られるもの**に目を向けます。

「後退」の行き着くところは、倒産、買収、消滅です。**「今までと同じやり方」を捨てることができなければ、待っているのは「地獄」**です。


私は、武蔵野の社長になる前に、「貸しおしぼり」の会社を経営し、たくさんの飲食店を見て回りましたが、実感として、**5年間で8割の店が閉店**し、入れ替わりました。

そして、潰れた店に共通していたのは、**「変わらなかった」**ことです。

お客様の嗜好は常に移り変わっているのに、店内の雰囲気や扱っている商品（メニュー）に変化がなかった。だから、お客様から飽きられてしまった。

下世話な話で恐縮ですが、私は独身時代に、**「歌舞伎町の夜の帝王」**というあだ名がつくほど、キャバクラに精通していました。

キャバクラにも流行りすたりがあって、キャスト（女性）の顔ぶれが早く変わらないキャバクラ、つまり、変化のないキャバクラは、必ず閉店します。

お客様は、常にニューフェイスに期待を寄せているからです。

●——過去最高売上でも、今のやり方を捨てる

わが社は、「5年後に売上を2倍」にする長期事業計画を立てています。

「5年で売上を2倍」は、**「対前年比115％」**で成長しなければなりません。

そのうえで、近年は、不要な残業を減らす方向で業務改善を進めています。

つまり、社員は、**「仕事をする時間を減らしながら、対前年比115％をクリアしなければならない」**わけです。

「残業を減らしながら、売上を5年で2倍にする」計画を立てると、社員は「ムリだ」と言います。

でも、「なぜムリなのか」を詳しく見ていくと、「残業を減らしながら、売上を5年で2倍にするには、今までと同じではダメだ」と気づく。**「今と同じ考え方」「今と同じやり方」「今と同じ人」ではムリ**であることがわかる。

だとしたら、「新しいこと」「今までと違うこと」にチャレンジするしかありません。

変化を起こしたければ、「風景になっているもの」をなくせ

●—残業改革への3つの処方せん

では、どうすれば変化を起こすことができるのでしょうか。

「残業を減らす改革」は、大きく**3つの方法**があります。

❶「風景になっているもの」をなくす
❷「人」を入れ替える
❸「業界の非常識」を取り入れる

❶「風景になっているもの」をなくす

「風景になっているもの」とは……

「その存在に慣れすぎてしまい、風景のようにまわりに同化しているもの」

「当たり前にやっているため、疑問に思わなくなっているもの」のことです。

わが社で「風景になっていたもの」のひとつに、**出張精算**があります。

かつては出張の際に電車、バス（公共交通機関）の領収書がなくても、精算書を書けば経費として認めていました。以前は、「交通費の精算に領収書はいらない」が当たり前で、風景になっていた。

そこで2016年6月から、**「出張精算には領収書が必要」**とルールを変えました。

これまで風景になっていたやり方を捨てた理由は、精算書では「本当に新幹線に乗ったのか、わからない」からです。

武蔵野に税務調査が入ったときに、領収書がなければ証拠がないため、否認される可能性があります。

そこで、**「領収書を添付する」**あるいは、**「改札機に通したチケット（改札印のついたチ**

ケット）の写真を撮って添付する」ことを義務づけた。

こうして証拠を残しておけば、税務署に痛くもない腹を探られることはなくなります。

また、「ゴルフ大会」も風景になっていたので、2016年から取りやめにしました。

経営サポート事業部（中小企業のコンサルティングを行う事業部）では、年に一度、経営サポート会員（中小企業の社長）をお招きして、ゴルフ大会を開催していました。

サポート会員が200社のとき、参加した社長は40人でした。その後、会員数は600社超に増えたが、ゴルフ大会の参加者は20人に減った。

会員数が3倍に増え、ゴルフ大会の参加者が半分に減ったので、「ゴルフ大会が風景になっている」と解釈できます。だとすれば、なくしたほうがいい。続ける意味はないと判断しました。

●――当たり前の「風景」の中に改革のヒントが

先日、あるガス販売会社（LPガスの入ったボンベを決まったお客に配送）を視察したときのことです。

配送トラックにボンベを積み込んでルートを回り、ガスの入ったボンベと、空のボンベ（ガスが少なくなったボンベ）を交換。すべて交換し終えたら会社に戻ってきて、空のボンベにガスを充填《じゅうてん》。あるいは、ガスの入ったボンベと積み替え、またセールスに出かける。この繰り返しです。

ボンベにガスを充填し、トラックに積み込むのに、40分ほどかかりました。

私はすぐに「おかしい」と気づきました。

なぜなら、この40分間は、セールスマンにとって「待つだけの時間」であって、非生産的だからです。

この会社の社長は、「配送トラックは、セールスマンと同じ数だけあればいい」「セールスマンは、自分に割り当てられた配送トラックに乗るのが当たり前」だと考えていました。社員Aは1号車、社員Bは2号車、社員Cは3号車に乗ってルートを回ると決めていた。朝、セールスに出た社員Aは、昼に会社に戻ってきます。そして、ボンベにガスが充填されるまで何もせずに待ち、充填が終わると、再びセールスに出て行きます。社員BもCも同じです。

この会社にとって、「ガスが充填されるまでの待ち時間」は〝風景〟になっていた。

このやり方に誰も疑問を持っていなかったのです。

私はこの会社の社長に、「セールスマンが3人でも、配送トラックを**『4台』用意**したほうがいい」とアドバイスした。

そして、1号車に乗った社員Aが会社に戻ったら、社員Aは1号車にガスを充填するのではなく、「あらかじめ準備しておいた4号車」に乗ってすぐにセールスに行かせます。次に会社に戻ってきた社員Bは、準備済の1号車に乗ればいい。

こうして、**常に1台余分に配送トラックを用意**しておけば、セールスマンと充填担当者の時間をムダにすることはありません。効率よくルートセールスができるので、残業もなくなります。

●──「労働基準監督署」に目をつけられた社長の運命

株式会社ホームライフ（京都府／住宅建設）は、戸建住宅の企画、デザイン、設計、施工をする会社です。

創業してから11年間（2005年創業、手﨑《てさき》孝道社長が創業者）、**毎年平均135％の成長**を続けています。

地域に密着する右肩上がりの会社ですが、その急成長が仇《あだ》となって、手﨑社長は思わぬ事態に見舞われます。

「あるとき、私の会社に、作業服を着てリュックを背負った若い女の子がやってきました。何の用件かうかがってみると、彼女はこう言ったんです。**『労働基準監督署からきました』**と。びっくりしました。通告があったわけではなくて、目ぼしい会社、目立つ会社、成長している会社の現状を調べているようでした。『タイムカードを預かっていいですか？』と聞かれ、ダメとは言えません。預けることになったのですが……」（手﨑社長）

後日、ホームライフを再訪問した労基署の女性は、「残業代を出されていますか？」と手﨑社長に詰め寄った。

このことをきっかけに、ホームライフの早帰りの取り組みが本格化します。

「建築業界は、ブラックではなくても、グレーな部分があります。大手のハウスメーカーでもかなり遅くまで仕事をして、残業が当たり前の業界です。私の心の中に、『地方の小さい建築会社は、遅くまでがんばるしかない』という意識があり、『遅くまでがんばるのはいい社員』だと誤解していました。でも現在では、考え方を改めました。**定額残業代（毎月定額の残業代を支給する制度）を導入し、それと同時に、社員の残業時間を減らすための取り組み**を始めました」（手崎社長）

手崎社長にとって、「建築業界は、残業があるのが当たり前」「建築業界は、残業代がなくても当たり前」という業界の常識が風景になっていました。

しかし、労基署がきて、間違いに気づいた。手崎社長は、「今までと違ったやり方」を取り入れることにした。

手崎社長は、社員の出勤退勤を管理するため、**クラウド型の勤怠管理システム（キングオブタイム www.kingtime.jp）**を導入しています。

「今までは、一度会社に出勤してから現場に行かせていました。仕事が終われば、どんなに現場が遠くても会社に戻り、タイムカードを押させていた。でも、キングオブタイムの導入によって**直行直帰が管理**でき、社員のムダな行動がなくなり、時間効率が向上しています。また、このシステムは場所を表示できるので、**虚偽《きょぎ》報告が減り**ます。社員にとって

も、帰る時間が早くなるので評判はいいですね」（手﨑社長）

「今と同じ人」では変化は起きない

──同じ人が同じ仕事をやり続けると、仕事が〝風景化〟する

❷「人」を入れ替える

わが社は、定期的に人事異動を行います。ほぼ毎月、人事異動がある会社です。5年以上、同じ部署で働くことはありません。

営業系の若手社員は、ひとつの職場での在籍期間を3年、事務系は5年として他の部署に転属させます。事務系の部長は、一度、営業の体験をさせます。経理部長は、営業課長を経験した人を登用します。

頻繁に人を動かす理由は、**「今と同じ人では、変化が起きない」**からです。

同じ部署に長くいると、自分は仕事ができると錯覚してしまう。また、過去の体験にしがみつき、変化や失敗を恐れるようになります。

「1年後も今と同じでいい」と思っている人は、今と同じ努力しかしない。これでは残業を減らすことは不可能です。

人間は、同じ仕事をやり続けると新鮮味が薄れ、客観性を失います。結果として仕事が風景化して、ムリ・ムダ・ムラに気づかずに放置する。

でも、人事異動で部署が変われば、フレッシュな気持ちで業務に当たるため、惰性で仕事をすることがなくなります。

同じ人が同じ仕事を続けると、仕事が「属人化」します。属人化とは、「特定の人にしか仕事のやり方がわからない状態」です。

「この件は○○さんに聞かないとわからない」「あの仕事は△△さんでないとできない」など「人に仕事がつく」と、その人が病気で休んだり退職したりしたら、仕事が回らない。また、仕事がブラックボックス化して、不正の温床にもなる。

株式会社ＩＳＯ総合研究所（大阪府／ＩＳＯ・Ｐマーク運用代行）は、ＩＳＯとＰマークの新規取得・運用のサポートをする会社です。

山口智朗社長は「以前のＩＳＯ総研は、『人に仕事がついていた』ことが原因で残業が発生していた」と言います。

「以前はクライアントごとに担当者が決まっていて、担当者は、ひとりですべての作業を受け持っていました。でも、これでは人に仕事がついてブラックボックス化し、他の社員が手伝うこともできません。そこで、仕事のやり方を切り替えました。具体的には、**『ベストテン管理』**です。**仕事を納期順に並べてベストテンを決め、納期の早い順に『手の空いている人』が週単位で作業**をします。こうすることで社員の疲労も軽減され、辞める社員が少なくなりました。また、仕事が平準化されてミスも減りました」（山口社長）

変化とは「人を変える」こと

武蔵野に、いわゆる「生え抜き」の社員は少ないです。

勤続28年の猿谷欣也本部長は、同じ部署で同じ仕事を長く続けていません。

２０１５年12月、武蔵野の業績は「過去最高売上（最高益）」だったため、**賞与を20％**

増（前年比）にしました。

会社の業績がいいときは、どうしても、社員の気持ちは緩みます。

私は、社員の危機感を煽《あお》るため、２０１５年12月1日付で、**「管理職の半分」を異動**させた。部署や上司が変わったりで、「殿、いよいよご乱心か！」と社内は大騒ぎです（笑）。

それだけではありません。

２０１６年4月1日付で、**社員の半分を異動**させた。

通常、自社の経営が順調だと社長は変革を怠ります。「うまくいっているのだから、変える必要はない」と考えます。けれど、**私の考え方は逆**です。

順調なときこそ積極的に人事異動をし、組織を変革しています。

目先の利益を追求するのであれば、実績を挙げている社員を動かす必要はない。しかし、人の流れが滞《とどこお》ると、社内の空気が淀《よど》み、活気がなくなります。

変化とは、人を変えることです。

大規模な人事異動を行うと、一時的に現場は混乱します。

でも、組織を活性化させるためには、人事異動で会社を変化させる必要があります。

「業界の非常識」を取り入れなければ、会社は変わらない

――他業界の常識をマネると「業界の非常識」になる

❸「業界の非常識」を取り入れる

たとえば、あなたが飲食店の社長だとします。

雨の日、飲食店はどうしても売上が落ちます。客足が落ちて従業員が暇を持て余しているとき、社長のあなたは、どのような指示を出しますか？

次の「3つ」から選んでください。

1「客足は減っているけど、全員、閉店時間まで気を緩めないように」

2「客足が減ってきたので、アルバイトはもう帰っていいよ。閉店時間までいなくていい

から」

3「客足が減ってきたので、アルバイトはもう帰っていいよ。早く帰っても、閉店時間までいたことにしてその分のバイト代は払うから、安心していいよ」

私なら、「3」を選びます。

仮に、「7時間で7000円」(時給1000円)もらっていたアルバイトが、1時間早く上がったにもかかわらず「6時間で7000円」もらえたら、どう思いますか?「うれしい」と思うでしょう。そして、アルバイトの定着率もよくなる。

私は、1000円余分に払ってでも、「従業員が楽しく働いてくれるほうがいい」と思います。

「仕事もせず、早上がりをしているのに、アルバイト代を余分に払うのはおかしい」と思われるかもしれませんが、そう思うのは常識にとらわれているからです。

会社に変化を起こすには、今までの考え方や常識を捨てて、非常識を積み上げていくことです。

「今と同じ考え方」「今と同じやり方」「今と同じ人」を捨てて、「新しいこと」を取り入れなければ、会社を変えることはできません。

そう言うと、多くの人が「今まで、誰もやっていないこと」をやろうとしますが、それは**間違い**です。

「新しいこと」は、「今まで、誰もやっていないこと」の意味ではなくて、

「他の人は成果を出しているけれど、自分はまだやっていないこと」

「他業界の常識で、自分の業界ではまだ常識になっていないこと」

「すでにあるものの組合せを変えること」

です。新しいことをするなら、「業界の非常識」をたくさん積み上げましょう。

では、「業界の非常識」とは何か？

非常識と言っても、常識を欠いたことをするのではありません。

「他業界の常識や、他業界でうまくいっていることを、自分の業界で最初に実行すること」

です。

サービス業なら、製造業で常識となっていることを自社に転用する。

製造業なら、エンターテイメント業界で成果の出ている取り組みを取り入れる。

ライバル企業と同じことをしていては、差は縮まりません。

同業種の場合、どうしても既成の枠組から抜け出すことができない。

だとすれば、「他の業界」の成功事例を取り入れるのが正解です。


賀川正宣《かがわまさのり》会長は、携帯電話販売、飲食、自動車販売、人材教育などさまざまな事業を束ねる株式会社ＮＳＫＫホールディングス（兵庫県）の代表です。

賀川会長は、「エマジェネティックス（ＥＧ）」と呼ばれるプロファイルを導入して、組織力と接客サービスの向上に取り組んでいます。エマジェネティックスとは、脳科学の理論と50万人以上の統計をもとにして、人間の個性を分析するプログラムです。

「自分自身の強みと可能性の理解」「生産性の高いチームビルディング」「個人の資質の向上」などに役立つため、結果的に残業削減が期待できます。

「社内に全員のプロファイルを貼り出して、お互いのプロファイルを意識しながらコミュニケーションを取れるようにしています。人事にも積極的に活用していて、新卒の採用や

新規事業の立ち上げのときにもプロファイルを駆使しています」（賀川会長）

ラーメン店や携帯電話販売の仕事に、脳科学や統計学を駆使したプログラムを導入した賀川会長も、業界の非常識を取り入れて成功した経営者のひとりです。

他業界の成功事例をそのままマネる

●——マネは最高の創造

武蔵野が伸びるのは、業界の非常識（他業界の成功事例）を、社内に取り入れているからです。

わが社は、「チャットワーク」というクラウド型のビジネスチャットツールを導入しています。

チャットワークを使い始めた理由は、経営サポート会員である株式会社関通（総合物流）の達城社長から、「チャットワークを使うことで業務効率がよくなった。iPadに防水カバーを貼ってお風呂の中でも使い、メールでの日報を全部やめてしまった」という話を聞いたからです。

それなら、私でもできる。そう思った私は、さっそく関通のマネをした。

物流業界でうまくいっているツール（＝業界の非常識）を取り入れた結果、わが社の残業は大幅に減りました。

チャットワークはタスクごとの案件管理に活用しました。小さなタスクを多く立ち上げて「使い捨てる」のが基本です。画像データを送るのは本当に便利です。

また、チャットワークを使うと**紙が不要になります**。

紙がなくなると、調べるのが簡単になる。アナログで情報を持っていると、どこにあるのか探すのに時間がかかります。

ところがデータで資料を持っていれば、簡単に検索できるので時間を節約できます。

会社に変化をもたらすには、他業界で常識になっていることを、自分の業界でいち早く取り組んで結果を出すことが重要です。

他業界で実績が出ているものをそのままマネする。

0を1にすることは困難ですが、1を2や3にすることはできます。

マネは最高の創造です。愚直にマネをして3年も続けたら、それはもうオリジナルです。

チャットワーク導入がデメリットになるとき

群馬県、埼玉県、千葉県、神奈川県、長野県で薬局を運営する株式会社フラント(群馬県/薬局運営・富士薬局グループ)も、チャットワークを導入し、業務の効率化を図っています。

石塚雅彦社長は、「社員が節度を持って書き込みをするように」と、経営計画書に**「22時半から6時までは、チャットワークの書き込みを禁止する」**と明文化しています。

「チャットワークを使うと情報が見える化でき、仕事の流れを議事録的に記録できるので、現場の状況を把握しやすくなります。でも、いつでもどこでも書き込めるメリットが、ときにデメリットになることもあると感じたことがありました。

あるスタッフが、夜中の1時や2時に書き込みをしていた。他の社員は寝ている時間に彼が書き込む内容は、会社への不満のようなもので、建設的な内容ではありません。夜中に起こされたうえにネガティブな内容を読まされるから、気が滅入ります。

彼は結局、会社を辞めましたが、このことを機に、チャットワークの使い方に制約を設けることにしました。昨年は、『22時半から6時までは禁止』でしたが、今年からは**『22時から禁止』**。今後も短くしていくことを考えています」（石塚社長）

業界の悪習に縛られない時代に即した「新しい働き方」改革

●──自動車部品卸商で「未開拓市場」を開拓した営業マン

株式会社あきば商会（東京都／自動車部品・用品・リサイクル部品）は、足立区の「ワーク・ライフ・バランス推進認定企業」です。あきば商会が評価されたのは、「企業経営者と従業員が、一緒に仕事の効率化に取り組んでいる」から。

遠藤美代子社長は、ワーク・ライフ・バランス推進企業に認定されて、「求人の応募が増えた」と言います。ワーク・ライフ・バランスは、「働きながら、私生活も充実させられる職場環境を整えること」です。

「人材募集をして思うのは、若い世代に限らず、20代から30代の男性で、『小さなお子様がいる方』は、『お給料が高いこと』よりも、**『残業が少ないこと』を優先**している印象です。奥様と一緒に家事や育児ができるからでしょう。

また、パートの採用も、子育て中の女性は、働きたくても勤務時間や通勤時間の融通がきかないので、ワーク・ライフ・バランスをとても気にされています」（遠藤社長）

遠藤社長は、残業時間を減らす取り組みの中で、「労働時間の長さと実績（売上）は、比例しない」ことを実感しています。

「大切なのは、働いた時間ではなくて、**仕事の中身**です。当社に、育児のため、時短勤務をしている男性社員がいます。この社員は6時間しか勤務していません。営業職の中で最も勤務時間が少ないのですが、時短で働いているにもかかわらず、**成績はナンバーワン**です。この男性社員は、個人の対目標達成率で**年間7回のトップ賞**を獲りました」（遠藤社長）

この男性社員が「誰よりも短い時間で、誰よりもいい成績を挙げている」のには、理由があります。

「今までとは違うこと」「他の営業マンとは違うこと」をしていることです。

「あきば商会は乗用車の部品を中心に扱っていますが、乗用車のアフターマーケットは縮小する一方です。

そこでこの男性社員は、**大型トラックマーケットにシフト**しました。大型トラックは乗用車と違うため、今までのやり方や今までの知識が通用しません。新たに勉強をし直さなければならない。だから、誰もやりたがらない。

彼は新しいノウハウを勉強して、**今まで未開拓だった市場**に足を踏み入れた。つまり、今までのあきば商会の常識とは違うことを始め、結果を出しました。現在は、**彼の仕事のやり方を他の社員にも横展開**しています」（遠藤社長）

●──詐欺まがいで、労基法の大切さを痛感した不動産会社

株式会社ソナーレ（東京都／不動産賃貸管理）は、楽器可・ピアノ可の賃貸物件に特化したユニークな会社です。現在、東京、神奈川、埼玉を中心に、約2000室を管理しています。

「5、6年前は、深夜まで仕事をしたので、車中で寝たこともありました（笑）。部屋のリフォーム時、業者は徹夜で工事をしますが、中には、やったフリをして逃げる人もいたから、最後まで見届ける必要がありました。繁忙期は、1週間、車中に着替えを入れて、スーパー銭湯でシャワーを浴びて、車中泊したこともあります」（丸山朋子社長）

丸山社長は、現在、「楽器が弾けるマンション」に特化していますが、かつて一時期だけ、一般の不動産業に触れたことがあります。

「当時の私に採用権限はなかったのですが、不動産業は人の出入りが激しくて、1年間で60人雇用して、3人しか残りませんでした。不動産業界は、『流れ者』も多く、**労働基準**

法を意識させられる事件にも見舞われたことがあります。

ある方が、パートの面接にきたときのことです。面接時に、『エクセルもできます。ワードもできます。こんなことも、あんなこともできます』と言うので、店長が採用を決めました。その方は『2週間後から出勤したい』と申し出たので了承しましたが、いざ入社したら、エクセルもワードも何もできなかったのです。

そこで、解雇することにしたら、採用後1週間を超えていたので（試用期間を超えていた）、解雇予告分の給料を請求されました。後になって、ハローワークの方から『あの人は常習だから、気をつけてください』と注意を受けたが後の祭りでした」（丸山社長）

こうした不動産業界の悪習を断ち切るため、現在、丸山社長は、**「残業の事前申請」**（申請がないと残業代は支払わない）、**「帰社時間の設定」**（夜8時をすぎていいのは、緊急のトラブルに対処する場合のみ）、**「水曜日と木曜日はノー残業デー」**、**「シフト休を使って月1回は連休を取らせる」**など、さまざまな早帰りの施策を取り入れています。

「労働基準局の方と社労士さんに協力していただき、**『1年単位の変形労働時間制』**も導入しています。変形労働時間制は、業務の繁閑に合わせて労働時間を少なくし、全体として労働時間を短縮することを目的にした制度です。

繁忙期は夜7時まで、閑散期は夜6時までと決め、さらに閑散期でも、プラス1時間の固定残業代を払っています。夜6時で帰っても1時間余分にお金をもらえるから、社員は早帰りをする。苦肉の策ですが、効果はあると思います。今は、ほとんどの社員が夜7時から8時の間に帰っていますね。繁忙期の基準で見ると、閑散期は4日しか働いていないから、長期休暇を取ることもできます」（丸山社長）

労組と協力し、残業時間をどう調整したか？

サンケイ化学株式会社（鹿児島県／農薬類の製造）は、１９１８年に創業した農薬専門メーカーです。サンケイ化学も、１年間の労働時間を調整して、残業を減らす努力を続けています。

「当社には、30年以上前から労働組合があります。5年前に、工場のある社員の残業時間が36協定（月45時間、年間３６０時間以内の残業）をオーバーして労組が問題視したことがありました。

そこで、労使が協力して残業時間を減らす取り組みを本格化させました。まず、同業他社が『特別条項付き36協定届』を提出していることを聞き、当社もマネをした。その結果、『月80時間以内』まで残業ができる月を設定できたので、36協定オーバーを解消することができました」（福谷明社長）

特別条項付き36協定が認められても、年間360時間以内に抑えなければいけません。そこで福谷社長は、年間の残業時間を調整しやすくするために、**年間の締月を「3月から10月に変更」し、残業の多い社員を閑散期に残業させない**ようにした。

「忙しい月を最後に持ってくると、360時間をオーバーしてしまいますが、閑散期を最後に持ってくれば、早帰りがしやすくなるので、基準の360時間をなんとかクリアできます」（福谷社長）

その他、**「毎月、個人別の残業時間の集計表を総務で作成して、残業の多い社員には改善の指示を出す」「残業届に、上司にわかるように仕事の内容をはっきり書く」**など、指導を徹底した結果、残業時間は順調に削減されています。

「ある社員は、月に26時間の残業をしていましたが、今では、**『月に0・8時間』**にまで減りました。**残業届に仕事内容を書かせたら、ピタッと残業がなくなった。**ということは、今まで、仕事がないのにダラダラ残っていたことになります。そのことに気がつかなかった**社長（私）のマヌケさ**を思い知らされました」（福谷社長）

●—創業181年の老舗で成功した残業削減の仕組み

古川紙工株式会社（岐阜県／美濃和紙の加工）は、オリジナルの紙製品の製造販売とOEM供給を行う会社です。**創業181年**。古川慎人社長は8代目です。

古川社長は、伝統を継承することのメリットを感じつつも、事業自体に行き詰まり感を覚えていました。

同じやり方を続けていると、発想が浮かばなくなってくる。それに、人が定着しません。

「会社に伝統はあったものの、**社員を定着させる仕組みがなかった**のです。私自身、前職はサラリーマンで、経営者の体験もありません。だから、なんやかんやとごまかしながら、社員を説得していました。でも、そのやり方で社員を止めておけるのは、せいぜい3〜4年です。その後は多くの社員が辞めていきました」（古川社長）

社員が辞めた理由のひとつは、古川社長が若者のトレンドを見誤っていたことです。「自分ががんばれば、社員も遅くまでがんばってくれると思っていましたが、それは私の思い違いでした。社長の仕事は、社員と一緒になってがんばることではなく、**残業や休日出勤を減らす仕組みをつくること**だったのです。

そのことに気づいて、まず、**水曜日をノー残業デー**にし、**土日出勤を禁止**にした。『終わりの時間』も決めて、**幹部社員も夜8時に会社を出ています**。どうしても残業が発生するときは、**残業申請書の提出**を義務づけています。

毎週月曜早朝の幹部会議は、仕事の進捗状況をチェックし、『どうすれば残業を減らすことができるか』を確認し、共有しています」（古川社長）

残業時間が減って、「新卒採用時に会社のイメージアップにつながった」と言います。

「当社は、デザイナーの採用が多いですが、一般的に、『デザイナーの仕事は夜遅くまで働くのが当たり前』と思われています。

若手デザイナーが、有名デザイン事務所に就職した大学時代の同級生から『終電で帰るのが当たり前な大手デザイン会社より、**小さくてもいいから残業が少ない会社に就職すればよかった**』と言われたそうです。

長時間働いたほうが実力がつくという考えがある一方で、これからの時代は、『**短い時間で、チームとして実績を挙げていく**』**という能力が求められている**気がします』（古川社長）

遠藤社長も、丸山社長も、福谷社長も、古川社長も、業界の常識や伝統にとらわれず、**「これまでとは違う考え方」「これまでとは違うやり方」**に目を向けた。だからこそ、「残業が少ない会社」「人が辞めない会社」に変わることができたのです。

残業削減で得た利益を社員に還元すると活気づく

●──早帰りでも給料が減らない仕組み

わが社は、残業改革前と比較し、たった2年強で、**社員換算で「1億円」、パート・アルバイトも含めると「1億5000万円」の人件費削減**に成功しました。

この1億5000万円を会社の利益にすると、どんどん人が辞めていきます。

なぜなら、従業員の可処分所得が減るからです。そこで私は、残業削減によって増えた利益を、次の「2つ」の原資として使い、従業員に還元しました。

❶ 社員賞与を120%、パート賞与を200%に増やす
❷ 基本給の金額を上げる（ベースアップ）

❶ 社員賞与を120%、パート賞与を200%に増やす

同じ仕事をして、定時に帰る人と残業する人がいるなら、定時に帰る人のほうが能力は高い。それなのに、能力のない人は残業代をもらうため、「能力の高い人」よりも「能力の低い人」のほうが可処分所得は高くなります。

「ちんたら仕事をする社員のほうが、できる社員よりも年収が高い」という、いびつな状態がまかり通ると、がんばって時間内に仕事を終わらせる人がやる気を失います。

でも、残業時間と評価を連動させて、**「残業が少ない社員は賞与を多く、残業が多い社員は賞与を少なくする仕組み」**をつくると、不公平感がなくなります。

残業が多い人は、給料は高くなっても評価が下がるから、賞与が少なくなる。

一方、就業時間中に仕事を終えて帰った人は評価が上がるため、毎月の給料は少なくても**賞与が多く**なる。最終的には、**残業せずに帰った人は年収が多くなる**ように変更しました。すると、わが社の社員は、「たくさん賞与がほしい」という**不純な動機**で残業を減らす工夫を始め、業務改善が進みます。

わが社は、「評価シート」（↓次ページ）に基づいて賞与額を決めています。

■——評価シートの一例

株式会社武蔵野　評価シート

□は全て記入して、提出する事。

2016年　53期上期

入社年月日（西暦）	VM番号	部門名	等級・グループ	氏名	期末　上司確認
年　月　日			等級　G		印

	素点	グループウェイト（※表1参照）	倍率（表1参照）	合計 少数点第1位を5捨6入
業績評価点	③	0.	6倍	
プロセス評価点	④	0.	6倍	
方針共有点			3倍	
環境整備点	⑤		1.　倍	
残業時間の確認	⑥		1倍	
総合計				

※③④は少数第1位まで記入します。
⑤⑥は整数で記入します。

※この列は少数第1位を5捨6入し、整数で記入します。

※表1

	環境整備倍率	業績ウエイト	プロセスウエイト
1G	1.1倍	30%	70%
2G	1.1倍	30%	70%
3G	1.2倍	50%	50%
4G	1.5倍	70%	30%
5G	1.7倍	80%	20%
6G	1.7倍	80%	20%

※最低0.50～最高1.50で、少数第3位を5捨6入し、少数第2位まで記入します。

※この列は少数第2位を5捨6入し、少数第1位まで記入します。

1.業績評価

項目	ウエイト ①		目標	実績	達成度 ②	評価点 ①×②
					業績評価点合計	③

ウエイトの合計を60点として、各部門にて割り振って下さい。

2.プロセス評価

評価項目	自己 5月	上司 5月	自己 6月	上司 6月	自己 7月	上司 7月	自己 8月	上司 8月	自己 9月	上司 9月	自己 10月	上司 10月	上司 平均
1.仕事の責任を自覚し、常にお客様第一の姿勢で仕事を行ったか。													
2.会社や上司の方針を十分理解していたか。													
3.仕事遂行上の工夫改善や能率向上に努めたか。													
4.上司や同僚との仕事上の報告・連絡・相談は的確であったか。													
5.幅広くレベルの高い仕事ができるよう能力の向上に努めたか。													
6.実行計画（個人）を常に意識して仕事を行っているか。													
プロセス評価点合計													④

採点基準（上司評価：6段階）　5：優れている　4：やや優れている　3：標準　2：やや劣る　1：劣る　0：問題外

※少数第2位を5捨6入し、少数第1位まで記入します。

面談ハンコ合計　個

3.方針共有点

	53期上期
早朝勉強会	15or20
面談	6
経営計画発表会	1
上・下期政策勉強会	1
社員勉強会	2
サンクスカード	6
托鉢	2
社員旅行	1
夏祭り	1
お墓参り	0
バスウォッチング	1
個人教室	1or2
健康診断	0
幹部懇親会（2.5G以上）	1 or 2
チーム活動（2.5G以上）	2 or 3
課題図書	1
岡本先生勉強会（2.5G以上）	1
体験学習（経営サポートのみ）	1

4.環境整備点数

	5/20	6/17	7/15	8/10	9/9	10/7	平均
点数							⑤

※少数第1位を5捨6入し、整数で記入します。
複数部門担当

5.残業時間の確認

	5月	6月	7月	8月	9月	10月	計
上司印							⑥

※5月の場合：4/16～5/15
タイムカードにて確認する。

※計には上司印の個数を記入。

※業務で日常的に車両を使わない部門は支給率に対して半分（50%）になります。

禁煙手当（○で囲む）	禁煙手当支給率	安全運転手当（○で囲む）	安全運転手当支給率
0円・5万円・7万5千円・10万円	%	0・1・2・3・4・5・6万円	%
禁煙手当支給額	円	安全運転手当支給額	円

勤続年数別支給率（禁煙・安全運転手当共通）
※期末日現在で計算

車両使用者	車両未使用者
1年未満　20%	1年未満　10%
2年未満　40%	2年未満　20%
3年未満　60%	3年未満　30%
4年未満　80%	4年未満　40%
4年以上　100%	4年以上　50%

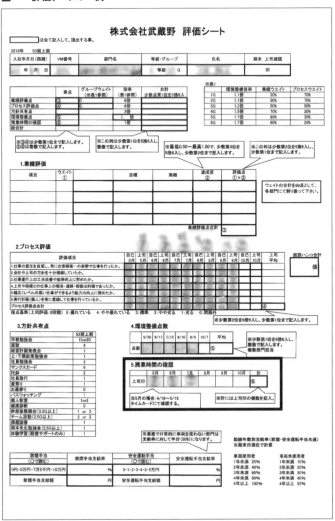

「評価シート」に残業時間を記入する欄があり、毎月、上司が確認します。前年同期よりも、「1分」でも残業時間を減らすことができれば、賞与に反映されます。実際は、「1分だけ減らす」のは難しい。結果的に、**数時間の残業が減り**ます。

売上が下がらずに残業が減ったら、**社員賞与は対前年120％増（2016年6月は130％増）、パート賞与は対前年200％増（半期の上限5万円が10万円に変更）**です。**労働時間が短くなって賞与が増える**と、1時間あたりの単価が高くなるため、社員もパートも辞めなくなります。

●──能力の低い人がたくさん給料をもらうと、能力のある人が辞めていく

ランドマーク税理士法人（神奈川県／税理士）は、相続税対策専門の税理士法人です。相続対策相談1万件、相続税申告2000件を超える圧倒的な実績を誇っています。

清田《せいた》幸弘代表によると、「会計業界は人が定着しにくい業界」で、離職率が高い。

「会計事務所は、なかなか人が定着しないと言われています。所長が年始に『あけましておめでとうございます』とみんなの前で挨拶をして、年末に『来年もよろしくお願いしま

す』と言うときには、所員の顔が全員違っていた、という話もあるくらいです（笑）」（清田代表）

ランドマーク税理士法人では、社員が辞める原因のひとつに、「能力が低い人ほど、たくさんの給料をもらっていた」という矛盾がありました。

「武蔵野さんに指導をいただく前は、残業代を正確に支払うことを決めて、『すべて申告するように』と社員に伝えていました。

すると、残業が野放し状態になって、残業がかえって増えてしまった（笑）。残業を生活給にしている社員にとっては、遅くまで会社にいればいるほど給料が増えるわけですから、都合がよかったわけです。

そこで考えを改め、**経営計画発表会で『残業のない会社を目指す』と宣言し、『残業ランキング』**をつくり、残業が多い社員を発表するようにした。

すると、残業が減る一方で、『自分よりも仕事ができない社員が、残業をたくさんして高い給料をもらっているのはおかしい』と不満を口にして辞めていく社員が現れました」（清田代表）

そこで清田代表は、残業時間と賞与を連動させるなど、給料規定を見直して、**「能力のある人が正しく評価される会社」「日本一社員に優しい高収益な税理士法人」**を目指すための施策を打ち出しています。

「22時以降は会社に残れないようにネットワークカメラを設置したり、毎週水曜をノー残業デーにする取り組みを進めているが、一番の効果は、**私が『残業を減らせ、減らせ』『早く帰れ、帰れ』と口酸っぱく言い続けている**ことですね（笑）。

私どもはテレビ会議システムを使って、毎朝、全事業所一斉に朝礼をしますが、朝礼でも『早く帰れ、帰れ』、ノー残業デーの水曜日も『早く帰れ、帰れ』と言い続けています」（清田代表）

ランドマーク税理士法人は、残業問題への取り組みを始めたばかりで、それでも、2015年2月に「平均74時間」あった残業時間が、1年後の2016年2月には「平均52時間」に減り、6月には**「平均35時間」**にまで減っています。

かつては100時間以上残業する社員も数名いたそうですが、**現在は「ゼロ」**になっています。

離職が日常茶飯事の業界で、ランドマーク税理士法人は、135名（2016年9月時点）もスタッフを抱えているにもかかわらず、**社員の定着率が安定**しています。

離職者は、毎年10名程度と横ばいですが、**毎年130%成長で人材を増やしている**ため、実質的な離職率は低くなっています。

清田代表の著書である『お金持ちはどうやって資産を残しているのか』（あさ出版）はおすすめですので、一度ぜひ書店で手に取ってみてください。

❷ 基本給の金額を上げる（ベースアップ）

わが社は、残業削減によって利益が出たので、社員の基本給を「ベースアップ」しました。「春闘で基本給を一律5000円上げた」といった企業もありますが、これはベースアップではなく「ベア」です。**「ベースアップ」と「ベア」は違います。**

「ベア」とは、基本給を全員、一律の金額で上げること。

「ベースアップ」とは、**基本給の賃金テーブルで基本となる金額を変える**ことです。

ベアは、職責が高い人も低い人も同じ金額しか上がりませんが、ベースアップをすれば賃金テーブルが変わるので、**職責が高くなるほど、基本給の支給額が上がります。**

生産性を上げるのに、人件費をケチるな

●──人件費を減らして利益を増やす発想はダメ

多くの社長は、「どうしたら、お金を払わずに働かせることができるか」を考えます。

でも、**私は違います。**

たくさん給料を払ってでも、「生産性の高い仕事をさせる」ことを考えています。

「短時間でたくさん給料を払ってくれる会社」と「給料は少ないのにたくさん働かされる会社」では、間違いなく、前者のほうが従業員の定着率は上がります。

多くの会社は、「人件費を減らす」ために残業問題に取り組んでいます。

でも、**「人件費を減らして、会社の利益を増やす」ことを目的にしてはいけません。**

■――武蔵野の売上（単位:万円）と残業時間の推移

	総売上	うち ダスキン 事業部	月間平均 残業時間
52期5月 （2015年5月）	5,151	2,375	45時間 5分
53期9月 （2016年9月）	5,765	2,468	27時間

わが社は、**「労働時間を減らしながら、生産性を上げる」「社員の可処分所得を増やす（減らさない）」「社員教育に投資してスキルアップを図る」「社員の健康を守る」**など、職場環境をよくするために残業削減に取り組んでいます。

その結果、残業が減って売上等がアップしている。

多くの社長は、「安い給料で、能力が高い人を雇おう」とします。

一方で多くの社員は、「自分の能力以上に、高い給料をもらおう」とします。

武蔵野は、「社員の実力どおりの給料」を支払っています。年齢や職責にかかわらず、がんばればがんばるほど収入が増える仕組みは、わが社の給料体系の大きな特徴です。

成果が出なければ基本給の昇給は少なくなり、成果が出れば、昇給額が倍の金額を受け取ることができます。

ある年、賞与を一番多くもらった人と、一番少なかった人とでは格差が**「72倍」**でした。**チャンスは平等に与え、そして成績によって差をつける。**これが本当の公平です。

人事評価の詳しい仕組みについては、拙著『儲ける社長の人事評価ルールのつくり方』（KADOKAWA）をご参照ください。

●――パート・アルバイトの活力が業績に正比例する

また、パート・アルバイトには、「時給を高くして、短時間働いていただく」のが基本方針です。一律の給料ではなく部門長の裁量で金額を決定します。

時給を高くすれば、「能力が高い人」を採用することもできます。能力が低い人を雇って残業代を払うよりも、時給が高くても能力が高い人を雇ったほうが生産性は上がります。

わが社の**全従業員のおよそ4分の3は、パート・アルバイト（非正規雇用のスタッフ）**です。

パート・アルバイトと言っても、わが社は、「軽い腰かけ」のつもりで働く人はいません。**勤続30年以上の大ベテランのアルバイト**がいたり、**「課長」の肩書を持つパート**もいます。**パートに正社員が叱り飛ばされたり、業績評価の裁量権を持たせる**など、めずらしい光景を見ることさえあります。

武蔵野の「経営計画書」には、「パート・アルバイト・契約社員に関する方針」が明記されています。パート・アルバイト・契約社員の地位や待遇を明確化することで、彼ら彼女らの労働意欲やロイヤリティを上げるためです。

パート・アルバイトにも、職務内容・勤務時間帯・職責などに応じた給料を支払っています。実力に応じて時給を上下させて、困難な仕事・専門性が要求される仕事をしている人と、補助的な簡易労働をしている人とでは、給料に差をつけています。

1年以上在籍しているパート・アルバイトには、賞与も支給しています。

賞与はポイント制（全10ポイント）で、上司の絶対評価、環境整備（毎朝の清掃・整理・整頓活動）、勉強会や社内行事の参加状況などに応じて、ポイントが加算されます。

賞与は、これまで上限5万円（半期で2万5000円）でしたが、残業削減によって利益が出たため、現在は**2倍の上限10万円**（半期で5万円）。

10ポイントを獲得した場合と0ポイントだった場合を比較すると、支給賞与には10万円の格差がつきます。

在籍20年のパート、東さかえ（営業サポート）は、「評価シートと上司との面談によって平等に評価をしていただけるので励みになる。残業を減らせば、パートの評価も上がるので、自然と業務改善にも積極的になる」と話しています。

中小企業では、パート・アルバイトのモチベーションアップが、そのまま業績に比例する。だとすれば、パート・アルバイトも社員と同じように評価して、**「がんばったらがんばった分だけ還元する」**ようにしたほうが、会社の業績は上がります。

大切なのは、「始める時間」と「終わりの時間」

●──なぜ「終わりの時間」を決めると、質が高まるのか？

多くの人は「長時間働けばそれだけいい仕事ができる」と思っています。

でも、時間と仕事の成果は、必ずしも比例しません。

努力とは、成果が出るように工夫することです。少しの時間で、大きな成果を挙げることができたら、それは努力に値します。

では、どうすれば、残業せずに成果を挙げることができるのでしょうか？

仕事の管理で大切なのは、**「仕事を始める時間」と「終わりの時間」を決める**ことです。

特に大事なのが、**「終わりの時間」**です。

「終わりの時間」を決めると、集中して仕事をするようになり、「短時間で質の高い仕事」ができるようになります。

学生時代に、一夜漬けの勉強でそれなりに点数が取れたのは、締切効果が働いたから。残された時間が制限されると、人は気持ちを引き締めて集中します。

仕事が遅い人、残業が多い人の共通点は、「仕事を始める時間は決めるが、**終わりの時間は決めない**」ことです。

「この仕事は3時間くらいかかるから、○時から始めよう」「この仕事には3日は必要だから、○日から始めよう」と、仕事量や難易度に応じて所要時間の予測を立てて「始める時間」を決めますが、「終わりの時間」は決めずに成り行きに任せています。

だから、夜遅くまで仕事を引きずってしまうのです。

いつも「終わりの時間」を決めず、ダラダラと残業する社員が、明日は送別会があるので、午後6時に仕事を終えて会社を出なければいけない。

すると、「いつもより30分早く出社する」「ランチタイムを短くしよう」「アルバイトに手伝ってもらう」「いつもは歩きで移動だが今日はタクシーを使う」などの工夫で、午後6時までに仕事が終わるように調整する。

いつもと同じやり方では、午後6時までに仕事を終わらせることはムリです。

けれど、「終わりの時間」が決まると、「少ない時間で、今までと同じ成果を挙げるには、どうしたらいいか」を考え、仕事のやり方を工夫するようになります。

ダスキン事業部・小金井支店2年目の社員・針山晃希は、「残業ができないため、仕事のやり方を考え直すようになった」と言います。

「私は1日に、50〜70軒ほどルートセールスをしています。これまでは、夜7時までルートを回り、それから支店に戻って精算をして、夜10時まで残っていた。残業時間は、月に80時間くらいあったでしょうか。

でも今は、遅くとも午後6時、早ければ午後5時には会社に戻ります。『終わりの時間』が決まっていると、今までと同じやり方では、仕事を終わらせることができません。

そこで、ルート自体の見直し（訪問順など）をしたり、iPadで空き時間を活用するなどして、**時間の使い方を変えました**。月80時間あった残業時間は、**今では約30時間に減**

っています」（針山）

●時間に「仕事」を割り振る

武蔵野の社長は、誰よりもたくさんの案件に携わり、誰よりも成果を挙げ続けなければなりません。

わが社の社員が社長になりたがらないのは、私の仕事ぶりを見ているからです。

彼らは、冗談半分・本気半分で、「武蔵野の社長になったら、忙しすぎて死んでしまう」と話しています（笑）。

私は、毎日、約８５０人の従業員の陣頭に立っています。

そして、経営サポート会員のコンサルティングに出向き、年間２４０回の講演・セミナー・お客様訪問をし、年に数冊の書籍を執筆。夜は、誰よりも多く飲み会に参加している（笑）。

「よくそんなにたくさんの仕事ができますね」と驚かれますが、仕事ができる理由は、**「時間に仕事を割り振る」**からです。

つまり「この仕事は1時間でやり、○時には終わらせる」と決めたら、**1時間後になん**

としても終わらせる。

毎日、分刻みのスケジュールが入っているので、時間を延ばすことはできません。

だから、決められた時間内で終わらせる努力をします。

●―開店時間を遅くすると、なぜ残業が減るのか？

株式会社渡辺住研（埼玉県／不動産賃貸）の渡邉毅人社長が、以前、「小山社長が喜びそうな話があります」と言うので聞いてみると、**「早く帰れと社員に言っても帰らないので、さじを投げた途端に残業が減った」**と言うのです。

「昔は、終電に走って乗るような会社でした。『早く帰れ』と私が言っても、なかなか帰らない。そこで私はあきらめて、店舗の営業時間を変えた。どうせ遅くまで会社に残るのなら、始業時間を遅くしないと、社員の健康に影響します。

それまでは9時オープンでしたが、段階的に遅くして、２００９年7月には、10時30分開店にした。要は私が負けたわけです。『オレが何を言っても遅くまで会社に残るから、ゆっくり出勤していいよ』と」（渡邉社長）

出勤時間を遅くした結果、**渡邉社長が思いもしなかったこと**が起きました。

「午前10時半にお店を開けます。1時間半後にはもうお昼ですから、午前中が短く感じられます。すると、**社員の意識が変わりました。**『すぐに午前中は終わるから時間がない。ダラダラしている暇はない』と思うようになった。結果的に、**店舗のオープンを遅くしたら残業が減って、早く帰れるようになった**のです」（渡邉社長）

それまでの渡辺住研社員の心の中には、「どうせ今日も遅くなるから、ゆっくりやればいい」という甘えがあった。でも、開店時間が遅くなり、時間の使い方が変わり、細切れ時間を大切に使うようになって仕事がはかどるようになったのです。

「時間があると思うと、ダラダラする。けれど、時間がない中で、『あれもやりたい、これもやりたい』と思うと、『急がなくちゃ』と時間をムダにしなくなる。**『こんな不思議なこともあるのか』と私も衝撃**を受けました」（渡邉社長）

「終わりの時間」を決めると、仕事のやり方が変わる理由

●──「20時間」残業を「30分」に短縮できた秘密

「終わりの時間」が決まると、仕事のやり方が変わります。今と同じやり方のままでは、作業時間を減らすことができないからです。

ダスキン事業部の統括本部長・市倉裕二は、直轄4部門（セールス2部門、配送、商品管理）の残業時間を減らすため、さまざまな業務改善に取り組んでいます。

4部門のうち2部門はセールス部門で、2年前までは月間平均残業時間が「80時間」を超えていた。残業の多さを理由に辞める社員があとを絶たず、市倉は抜本的なテコ入れを余儀なくされます。

そこで、各営業所の退社時間を「19時」に決めて、「19時に帰るには、どうしたらいい

のか」を考えた。

「営業所には、ネットワークカメラが設置されていて（↓143ページ）、営業所内の様子をリアルタイムで確認できます。

そこで、19時になったら映像を確認して、人が残っているかをチェックしていましたが、チェックの仕方を工夫しました。

立川センターのセンター長には武蔵野センターを、武蔵野センターのセンター長には立川センターをチェックさせました。こうしてお互いにチェックし合えば、ウソがつけません。そして、最後に私がチェックして、本当に残業していないかを確認します。もし、19時をすぎても社員が残っている場合は、センター長は1000円の罰金です。ある月は、罰金が3000円しか集まりませんでした。つまり、19時をすぎた日が4部門を合わせても、3回しかなかったのです」（市倉）

市倉は、19時に社員を退社させるために、「仕事の中身」も変えています。

これまで、セールス部門は、18時、19時頃にセールス先から営業所に戻り、それから精算（伝票登録や売上の入金など）をしていました。

精算は時間がかかり、すべて終わる頃には22時をすぎていることもあった。

そこで市倉は、**時間の使い方**を変えました。

「一般家庭の場合、日中よりも夕方以降のほうが在宅率は高くなります。夜に精算をさせるのではなく、**昼間にいったん営業所に戻って精算をすませ、夕方にもう一度セールスに出たほうが効率的**です。

それとプラスして、**営業エリアの見直し**を図りました。わが社の営業エリアは広いので、セールスを終えて営業所に戻るまでに1時間くらいかかる社員もいました。そこで、**自転車で30分以内に営業所に戻れるように、エリアや拠点を絞り込みました**」（市倉）

市倉の取り組みは、すぐに結果につながりました。平均80時間あったセールス2部門の残業時間は、**それぞれ22時間と12時間にまで減っています**。

商品管理に関しては、**2年前に20時間あった残業が、今では「30分」にまで短縮**され、**営業成績も上昇**しました。

●――早帰り実績をポイント化し、毎日メール配信

２０１６年8月から「Sales Performer（セールスパフォーマー）」というクラウド型の営業支援・実績管理グラフシステムを導入し、退社時間を管理しています。このツールは元々営業成績を上げるために導入したツールです。

このシステムを使うと、スマホ、タブレット端末でリアルタイムに売上グラフやランキングが確認できる。

そこで、早帰り実績をランキング化して、**「早帰りプロジェクト日刊ダイジェスト速報」**というメールの配信を開始。ポイントとして早帰りの成果を見える化したことで、社員の早帰りに対するモチベーションを高めることができます。

▼ポイント詳細

支店・営業所のメンバー全員が退勤した時間がポイントになります。

19時まで　5ポイント
19時1分～19時30分　4ポイント
19時31分～20時　3ポイント
20時1分～20時30分　2ポイント
20時31分～21時　1ポイント
21時1分以降　0ポイント

▼昨日の早帰りポイントランキング（例）

【1位】小金井ホーム南：5ポイント
【1位】立川DD：5ポイント
【1位】武蔵野D：5ポイント
【1位】ウォーター：5ポイント
【5位】小金井ホーム東：4ポイント
【6位】小金井ビジネス：2ポイント
【6位】第三支店東：2ポイント

【6位】第三支店西：2ポイント
【9位】第二支店東：1ポイント
【9位】TMX：1ポイント

●─制約があると工夫が生まれる

勤続22年の松浦正季（第二支店・南エリア）は、「終わりの時間」が決められたことで、「営業所内がダラダラから〝キビキビ〟に変わった」と言います。

「終わりの時間が決まると、その時間までになんとかしなければいけない、という気持ちになります。

飲み屋さんで飲んでいるとき、お店の人から『夜11時で閉店です』と言われたら、飲み足りなくても出て行くしかないじゃないですか。それと同じです（笑）。

２０１６年の全国高校サッカー選手権で、國學院大學久我山中学高等学校が準優勝をしましたが、そのグラウンドは野球部と共用で、サッカー部の使えるスペースは半面しかなかったそうです。

しかも、**平日の練習時間は2時間に限られ、朝練も禁止**されていた。恵まれた環境ではありませんでしたが、制約があったから創意工夫が生まれて、準優勝という結果につながったと思います。私たちの仕事も同じで、**『この時間まで』と制約があるから、『どうしたらいいか』を考える**ようになる。それがいい結果になったと思います」（松浦）

「アナログ」と「デジタル」を使い分ける

●──本社ボロボロ、システム最先端

武蔵野は、さまざまなＩＴツールを使用し、数字、成果の共有やペーパーレス化をいち早く進めてきました。

社員、パート、新卒の内定者などに「ｉＰａｄ」（タブレット端末）を配布（６００台導入）したり、お客様の声や現場の情報をすぐに社長に上げるためのシステムづくりに取

り組み、業務のムダや非効率を徹底的に改善。残業時間を大幅に短縮しています。

私がデジタル化に着手したのは、1993年です。

日本で最初のインターネットセミナーに参加した私は、「さっぱり話が理解できない」にもかかわらず、「インターネットを取り入れよう」と決定し、IT化を推進しました。

その結果として、「中小企業としては先進的なIT活用企業」として注目され、2001年度「経済産業大臣賞」を受賞しました。

先日、1兆円企業（建設業界で有名な上場会社）のシステム部長が、武蔵野の見学にいらっしゃいました。ホストコンピュータをiPadで動かすわが社の仕組みに驚き、こんな感想を述べていました。

「私どもの会社もIT化が進んでいますが、それでも、**武蔵野さんより1周回、遅れている**」

多くの会社は、立派なシステムを導入しても、そのシステムを動かせる人数はたくさんいません。

でも、わが社は、社員もパートもアルバイトも、全員がネットワークに入って仕事ができる。

大切なのは、**ITの利用技術であり、全員が使える**ことです。

60歳を超えた人でもITツールを使いこなせるのは、**使わざるをえない仕組みにしている**からです。

わが社の給料明細は、紙ではなく「サイボウズ ガルーン」を使って配布しています。

こうしておけば、「サイボウズ ガルーン」にログインして閲覧するしかないので、誰もが「サイボウズ ガルーン」を使えるようになります。

また、iPadを**私用でどんどん利用してもいい**ことにしています。

会社から貸与された端末で友だちや家族に電話をしたり、LINEをしたり、自宅で好きなウェブサイトを閲覧してもいい。

私用を認めるのは、日常的に使用することで、ツールを使いこなすことができるようになるからです。

プライベートで使えないものは、仕事でも使えない。と言っても、私用のためにダウンロードしたアプリ代を会社に請求する社員はいません。なぜなら、「人に見られては困るものをダウンロードしているから」です（笑）。

本社社屋は1971年築で、正直に言うと、**見た目はボロボロ（笑）。けれど、システムは日本最先端。利用技術も最先端。**

このギャップがわが社の強みです。

●——インプットはデジタル、アウトプットはアナログ

IT化を進めるうえで大切なのは、**アナログとデジタルの明確な線引き**をしておくことです。

アナログのほうが有利な部分は、ムリにデジタルにしないほうがいい。

簡単に言うと、

「インプットはデジタル、アウトプットはアナログ」

「お客様から見えないところはデジタル、お客様と接するところはアナログ」が基本です。

お客様への営業や社員教育は、アナログで手間をかけるほうが会社は強くなる。
しかし、バックヤードはできるだけＩＴ化して、時間を節約する。
住所録などはデジタルで管理したほうが便利ですが、お礼状や案内状を出すときは、手書きの手紙やハガキのほうが相手の心に響きます。

北良《ほくりょう》株式会社（岩手県／ガス販売）は、家庭用、産業用、医療用の各分野でガスの供給・販売とそれにともなうサービスを提供する会社です。お客様と地域に貢献することを目指しています。

医療用分野では、遠隔警報システムを導入して、病院内の医療ガスの残量、供給設備の状況をチェックしています。こうすることで、突然のガス切れ事故を防止するとともに、効率的な配送を実現しています。

一方で、介護施設ではインターネット環境が整っていない場合もあるので、紙（ＦＡＸ）で対応することもある。北良ではデジタルとアナログを使い分けて、お客様サポートに取り組んでいます。

「インターネットにつながっていなくても、ＦＡＸはどこの施設でも置いてありますから、

『よくある質問の答え』をＦＡＸで送信したり、要点をまとめた紙を施設に貼っておきます。そうすれば、営業マンが出向かなくても解決できることがあり、そういう**細かな改善を積み重ねて、時間短縮を形にしている**ところです」（笠井健社長）

残業を減らしたければ、ＩＴ投資をケチらない

●――ｉＰａｄ投資を「もったいない」と考えるバカ社長

武蔵野では、パート・アルバイト、内定者も含め、常用雇用者にタブレット端末（ｉＰａｄやｉＰａｄ ｍｉｎｉ　６００台）を支給しています。金額にして、**「ウン千万円単位」の投資**です。

普通の社長は、社員に配布することはあっても、パート・アルバイトにまで配布することはないでしょう。お金がもったいないですから。

でも私は、常用雇用者に**渡さないほうがもったいない**と考えています。

iPadを常用雇用者が使えるようになれば、バックヤードのIT化が進み、「残業を減らして利益を上げる」ことができるからです。

また、ITツールを大量導入すると、「全員が同じ端末を持つので、従業員同士で**使い方を教え合う**ことができる」「機種・インフラが同じで、**部署異動があってもストレスなく仕事を始められる**」などのメリットがあります。

ITへの投資を「もったいない」「高い」と考えるのは、儲かるための計算式を持っていない証拠です。数字を見ないから、残業問題に踏み込めない。

単純に時給を1000円とすれば(実際には、残業代はもっと高い)、月40時間で4万円。2か月で8万円です。

タブレット端末を1台8万円で買っても、2か月でおつりが出る。実質的な償却は2か月で終わるから、**残る10か月は純利益**になる。また、残業が減れば水道光熱費も減る。つまり、**1台8万円のタブレット端末は「安い」**と考えることができます。

ｉＰａｄを導入した当初は、私も「電話代（通信代）がもったいない」と思い、２００台はセルラーモデル（携帯電話と同じように好きな場所で使えるモデル）にしたものの、残りの３００台は、Ｗｉ－Ｆｉモデルでした。

ところが、Ｗｉ－Ｆｉモデルだと通信手段がＷｉ－Ｆｉに限定されるため、街中で使うには不便です。せっかくｉＰａｄを持って外に出ても、Ｗｉ－Ｆｉを受信できる場所でなければ、使うことができなかった。

そこで、全台、セルラーモデルに変えました。電話代は増えたが、「いつでもどこでもｉＰａｄが使える」ため仕事が効率よく進み、残業代が減った。結果的に、**増えた電話代よりも減った残業代のほうが大きくなって、生産性が上がりました。**

●——ＩＴツールで情報共有化に成功したパチンコ店

地域密着型の遊技場チェーン（パチンコ・パチスロ店）を展開するオザキエンタープライズ株式会社（東京都／アミューズメント）も、ＩＴ化によって残業時間短縮を実現しています。

「パチスロは、毎日、機種ごとに出玉率を設定しています。弊社では、これまで出玉率のデータを毎朝お店でプリントアウトして、店長が確認し、設定を決めていました。そのため店長は、朝早く出勤することになります。日によっては、定時よりも2時間以上早く出勤することもありました。

そこで、データをクラウド化しました。そうすれば、お店に行かなくても、タブレット上で確認して指示を出せるから、お店にいる時間を少なくすることができます。iPadとウェブサービスの導入によって、**残業時間は大幅に減りました**。IT化に取り組んだことで、ひとりあたり『月に約60〜80時間』あった残業は、**この2年間で約半分の『30〜40時間』にまで減っています**」（尾崎幸信社長）

お客様も、ライバルも常に変わるので、今までと同じやり方をしていては、生産性を上げることはできません。

尾崎社長は「今までやってきたことを、より効率よくするにはどうしたらいいか」を考えてIT化に踏み切った。その結果として、残業を減らすことができたのです。

「IT化と言うと、『難しい』と感じるかもしれませんが、武蔵野さんのように常用雇用者にタブレット端末を支給しなくても、できることがあると思います。

スマホにＬＩＮＥやチャットワークのアプリをダウンロードして、情報を共有するだけでも、仕事は効率的になります。

今までの当社は、『言った、言わない』『聞いた、聞いていない』の水かけ論が多く、仕事が二度手間になることが多かった。けれど、一斉に情報を配信すれば記録が残り、足並みが揃います。社内の情報を共有するだけでも、仕事のやりやすさはずいぶん変わると思います」（尾崎社長）

●──値引き交渉はするだけムダ

わが社は、サーバもパソコンも、タブレットもプリンタも、できる限り**最新機種**を使用しています。

「まだ使えるのに、買い換えるのはもったいない」と思われますが、会社経営において、その考えは**間違い**です。

個人は、物を大切にするのが正しい。けれど**会社は、物をすぐに買い換えるのが正しい。**

なぜならITツールは、新しい世代のほうが、処理スピードも省エネ性能も高いからです。最新機種のプリンタやコピー機を使えば、印刷時間が短縮されて、それだけ残業を減らすことができます。電気代やインク代、紙代も安くつく。そこでわが社で、2015年に、**全営業所のコピー機をすべて最新レーザープリンタ**に切り替えました。

また、最新機種のパソコンは処理能力が高く、それだけ作業効率がアップするため、パソコンも定期的に買い換えます。

2016年、オフィスコンピュータを入れ替えて、パフォーマンスが**実質2倍**になった。

多くの社長は、システムを導入するとき（OA機器を購入するとき）に、業者と値引き交渉をして、できるだけ安くしようとします。

しかし私はスタート時、**値引き交渉は一切しません。交渉時間がもったいないから**です。

変化はわが社の都合を待ってはくれないのですから、私の優先は、**コストよりもスピー**

ドです。

システム開発は、担当社員に**「システム会社に開発費を前払いしてもいいから、すぐに始めさせろ」**と指示を出しました。

●——なぜ「1億円」の予算と「1年間」の猶予を与えたか

私はかつて、システム部の高橋佑旗部長に**「1億円」の予算と「1年間」の猶予**を与え、ホストコンピュータの入れ替えと営業支援用のプログラムの作成を命じた。**1億円かけて、それによって1億円以上の経費削減ができれば、プラス**になる。

高橋は「正直、1億円というお金がどれだけのものかわからなかった」と当時を振り返っています。

「最初は悠長に考えていましたが、社長から**2つの名刺が貼られたハガキ**が送られてきまして（→次ページ）、これはもう逃げられないなと（笑）。はじめは3人で担当しましたが、それでは回しきれなくなって、新たに4人新規採用して、7人体制で取り組みました。でき上がったシステムによって、営業が外出時に仮想デスクトップを介してiPadから会

■――ある日突然、高橋さんに届いたハガキ

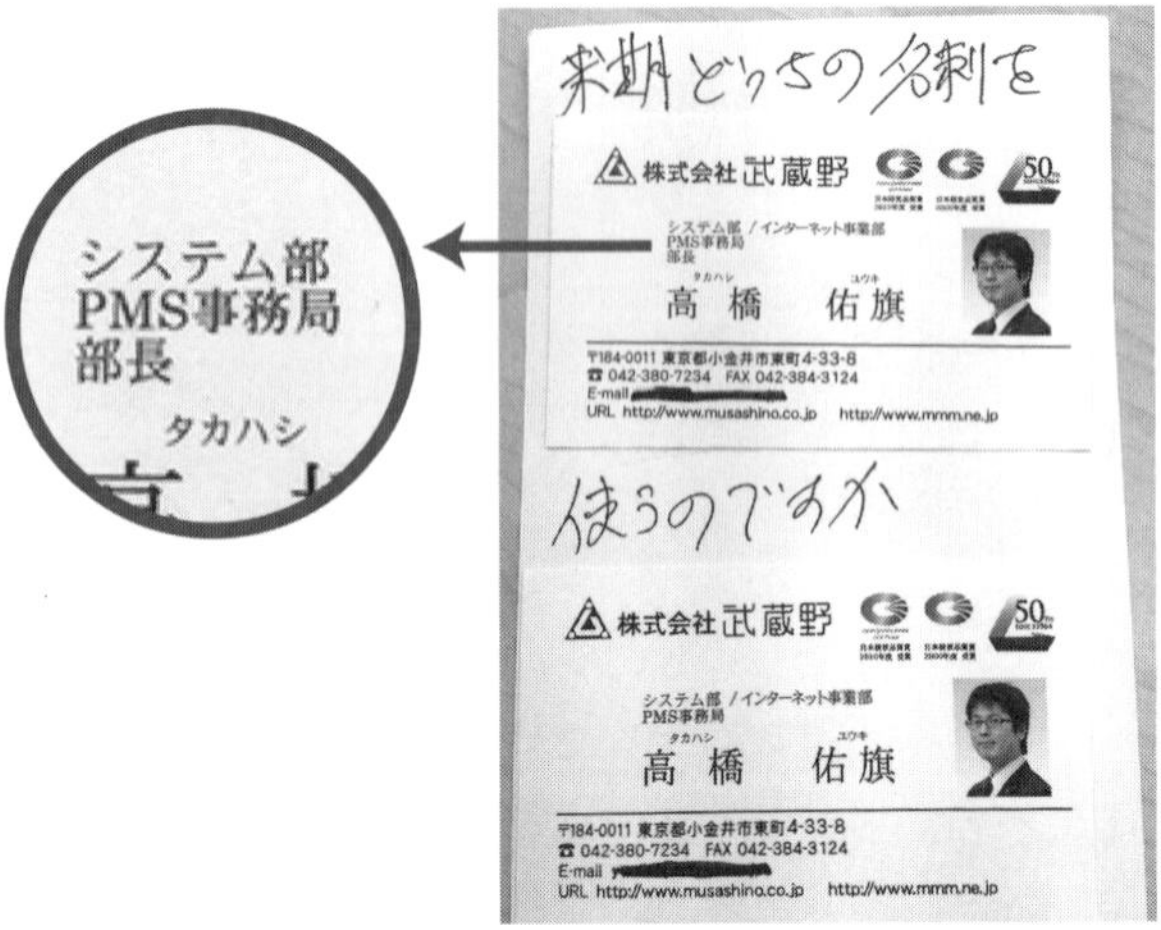

社のシステムに入ったり、モップやマットの数を数える際の伝票計算がラクになったので、業務効率を改善できたと思います」（高橋）

以前、会議システムに不具合が発生したことがあります。担当者4人は早朝出勤を続けてシステムの復旧に努めたのですが、それを知った私は、新システムに交換するように指示を出しました。

担当者のひとりは「まだ1年半しか使っていないので、交換するのはもったいない」と難色を示したが、私は頭にきて（笑）、ダメ出しをした。

「ダメ！　捨てちゃえ。だって、おまえ

たち、毎日朝早くから仕事をしているよね。早朝出勤は残業と同じ」とダメ出しをした。

残業は「悪」です。

システムのメンテナンスのために社員4人が早朝出勤をする。その状態を放置するより、**お金をかけてでも、新しいシステムに換えたほうがメリットは大きくなります。**

投資をためらうと、長期的な利益までも失う

――4000万円かけて最新機器を買った建設会社

株式会社小田島組（岩手県／建設）は、土木工事・舗装工事などの公共事業に取り組む建設会社です。岩手復興のフロントランナーとして、地域貢献にも力を尽くしています。

これまでの小田島組では、夕方5時くらいまで現場にいて、それから事務所に戻って実務作業をするため、毎日、2～3時間の残業が恒常化していました。

そこで小田島直樹社長は、残業を減らすための投資に踏み切ります。**自動追尾機能を持つ測量機器**を導入したのです。

この測量機器は、**1台400万円**もします。しかも、岩手県内に50台しかない機器のうち、「10台」を小田島組が所有しています。合計で**4000万円の投資**です。

小田島社長が4000万円の投資をためらわなかったのは、**儲かるための計算式**を知っていたからです。

「同業他社の方からは『どうしてそんな思い切った投資ができるのか?』と聞かれますが、その理由は、**残業が減る**からです。

これまで、測量は2人必要でしたが、この機器があればひとりで作業ができます。残りのひとりが別の仕事をすることで、効率的に時間を使えます。また、この測量機器があれば、**新卒社員を即戦力化**できます。今まで『10』のスキルがなければできなかった測量作業が、新卒社員でもできる。だから、残業が減るわけです」(小田島社長)

小田島社長は、「4000万円の投資は、長期的に考えると**メリットしかない**」と考えています。

「小山社長から教わったのは、『お金は、貯めるだけでは何の役にも立たない。**お金は使うと初めて生きてくる**』ということです。1000万円を銀行に預けても、1年間で1万円も増えません。ただ寝ているだけです。けれど、1台400万円で測量機器を購入すれば、そのときは400万円のマイナスでも、**機械が稼働すれば残業代が減り、新卒が戦力化して結果的に儲かる**。だとすれば、投資したほうが得ですよね」（小田島社長）

新卒社員の退職に歯止めをかける秘密兵器

株式会社三井開発（広島県／水処理）は、汚水処理の技術を駆使して、環境保全に貢献する会社です。

現在、三井開発では、営業車に独自開発したナビゲーションシステムを搭載し、テスト運用を開始しています。

「一般浄化槽のメンテナンスをする場合、どの施設をどのルートで回るのかは各担当者に任せています。各担当者は、前日夜に施設の場所と施設のデータ（お客様カード）を確認しておくのですが、これまでこの準備にかなりの時間を要していました。

そこで、**浄化装置の場所（地図）とお客様カードの情報をナビゲーションシステムの中に組み込んだ**のです。わざわざ紙を用意しなくても、ナビの中から情報を取り出せば、早く帰宅できるのではないかと」（三井隆司社長）

現在、三井開発が所有する90台の車のうち、このナビを25台に搭載し、テストをしている最中です。運用開始後5か月が経ちますが、社員からも評判がよく、成果は上々です。

開発に**1000万円以上のコスト**がかかりましたが、IT化への積極的な投資によって、長期的な売上の向上と、労働環境の改善につながる手応えを三井社長は実感しています。

「当社でも新卒を採用していますが、新卒社員が離職する原因のひとつが、**前日の準備の煩雑さ**にありました。このナビによって準備にかかる時間が減れば、社員のストレスも軽減できると思っています」（三井社長）

ITツールの使い方は拙著『IT心理学――ブラック企業を脱却し、ホワイト企業になるための55の心得』（プレジデント社）を参考にしてください。

第3章

たった2年強で「1億5000万円」を削減した早帰り「9」の取り組み

２０１４年にわが社でスタートした残業改革の結果、たった2年強で、社員で1億円、全従業員トータルで1億５０００万円のコスト削減をやりとげました。

ただ、まだまだ課題は山積みなので、ここで満足をしてはいられません。

「残業ゼロ」に向けてさらなる取り組みを進行中です。

この章では、1億５０００万円の人件費削減に成功した早帰り「９」の取り組みを一挙公開しましょう。

❶ 常用雇用者にiPadを配布して「空中戦」を展開

１９９０年頃に「米ソ冷戦」が終わりました。戦争はよくありませんが、戦争が最高のテクノロジーを生み出すことも事実です。冷戦が終わって2つの技術が出てきました。

ひとつは、シミュレーション技術。もうひとつは、人工衛星です。

この2つの技術により、世の中が大きく変わりました。コンピュータ化やＩＴ化が普及し、これまで竹やりで戦ってきた会社が**空中戦**を挑めるようになった。

■——iPadを導入したジャスト・イン・タイム

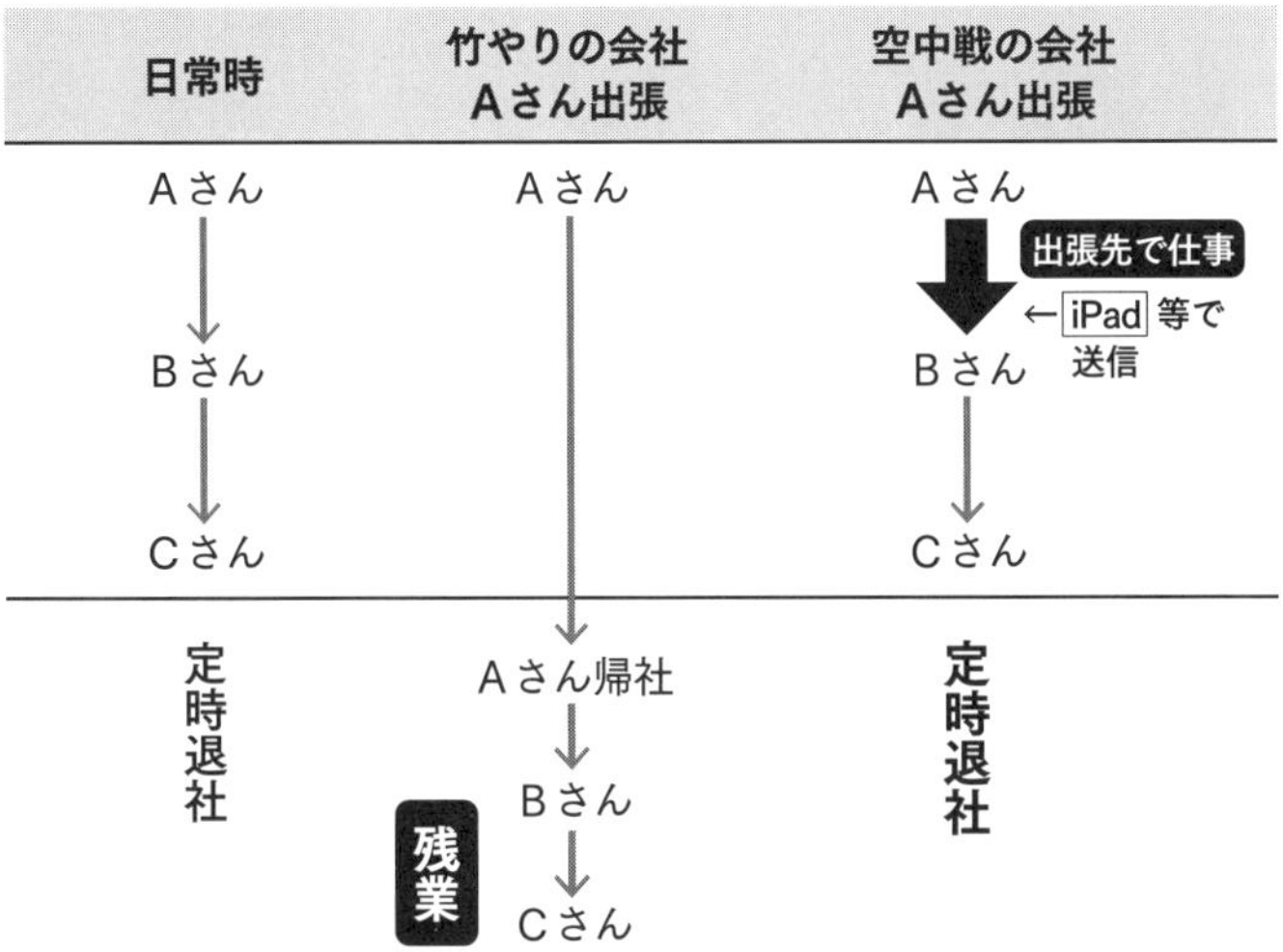

わが社もいち早くコンピュータ化、IT化、タブレット化に着手。そのおかげで、現在武蔵野は、圧倒的な空中戦を展開しています。

iPadを導入したことで、「フィールド（外）でできること」が増えました。

Aさん↓Bさん↓Cさんという順番で仕事が流れているとき、Aさんが一日中外出していると、BさんはAさんが帰社してから仕事に取りかかるため、残業することになります。

すると結果的に、Cさんの仕事も遅れ、残業を強いられるわけです。

でも、iPadを導入して「外にいて

も仕事ができる」ようになれば、Aさんは外にいながら作業ができるため、BさんもCさんも、ジャスト・イン・タイムを実現できる（↓前ページ図）。

──「3時間」かかっていた棚卸がわずか「30秒」に！

iPadを導入するまで、ダスキン事業部のルートセールス担当者は、複写タイプの納品伝票を持って営業先に出かけていました。

そして、1日の営業活動を終えたら営業所に戻り、納品伝票に記入した内容をもとに、データを打ち込む精算作業が待っていました。

さらに月末には棚卸が加わるので、仕事が終わる頃には、深夜0時を回っていることもあった。そこで、これらの作業の手間を減らすために、iPadで精算できるシステムを運用しています。

当時、このシステムの開発に携わった水野和隆課長は、「現場の声を反映させ、年配の人でも使いやすいシステムづくりに注力した」と話しています。

「納品伝票を使わずに、iPadへデータを打ち込むだけで精算できれば、営業所に戻ってから精算する必要はありません。営業先で入力すればいいので、時間の短縮になります。

また、担当者がiPadに入力したデータは、月末の棚卸とも連動させています。

iPadを使う前は、**棚卸に3時間以上**かかっていました。実際に現物の数を数える必要があったからです。

でも現在は、入力されたデータを確認するだけなので、30秒もあれば終わります。さらに、売上数字はリアルタイムで集計されるので、店長は売上情報を**いつでもどこでも確認**できます」（水野）

ダスキン事業部だけでなく、経営サポート事業部も、iPadによる業務改善が進んでいます。

かつての経営サポート事業部は、セミナーの進行、来場者、備品などを紙のチェックシートを使って確認していました。

しかし今は、クラウド上にある「電子化されたチェックシート」を利用しています。

これにより、セミナー会場の離れた場所にいても、すべての社員がリアルタイムで、情報を共有できます。連絡事項なども、その場でiＰａｄに入力すれば、ただちにクラウド上で共有されます。

最近では、参加証にバーコードを記載し、ｉＰａｄで読み込むと、宿泊・懇親会の確認と過去の参加履歴がリアルタイムでわかります。

パートの中には、「ｉＰａｄをみんなが持つようになって、コミュニケーションがよくなった」と感じている人もいます。

ガラケーしか使ったことがないパートが、ｉＰａｄを支給されたことでＬＩＮＥを使うようになり、「みんなの仲間に入れてもらった」と喜んでいました。

ｉＰａｄは、業務の効率化のみならず、**従業員同士のコミュニケーションツール**としても大きな威力を発揮しています。

ライバル会社は、いまだに「竹やり」で戦争をしています。

しかしわが社は、全従業員が「空中戦」を仕掛けている。

「竹やり」と「空中戦」では、どっちが強いでしょうか。

結果は、火を見るよりも明らかです。

※誰かが万一ｉＰａｄを紛失した場合は、ただちに初期化するソフトが入っているので、情報漏えいなどの心配はありません。

❷「ネットワークカメラ」を設置して、営業所内をモニタリング

私が「残業しないで、早く帰りなさい」と指示を出すと、社員は「はい！」と返事をします。

でも、その「はい！」は、「聞こえました！」という意味であり、返事をしたからといって、すぐやるとは限りません。

「早く帰っているか？」と聞くと、「はい！」と返事をするが、実際には早く帰っていません。

人間は指示をされてもやらない。それがまともです。

「返事」をするのと「行動」するのは、まったく違います。

そこで私は、全営業所に従業員の健康を守るために、**「ネットワークカメラ」**を設置しました。

ネットワークカメラがあれば、どこにいても、離れた場所の映像をリアルタイムで確認できます。

管理職は、ｉＰａｄで営業所内の様子をモニタリングでき、遅くまで残っている社員がいれば、出張先からでも帰宅を促すことができます。

では、管理職は、ネットワークカメラの映像を毎日チェックしているでしょうか？

はい！　していません（笑）。

なぜなら、いちいちチェックするのは面倒だからです（もちろん、まったく見ていないわけではなく要所要所で確認しています）。

けれど、一般社員は「上司に見られているかもしれない」と思っているので、早く帰ろうとします。

ネットワークカメラは、管理職がモニタリングをする、しないにかかわらず、**設置するだけで残業に対する抑止力**になっています。

■——ネットワークカメラは設置するだけで残業の抑止力に

社員の中には、上司にモニタリングされていることがわかっていながら、遅くまで会社に残ったり、休日出勤する者もいます。そんなときは、証拠の写真を撮って、「丸岡正幸課長は、上司の言うことを聞かずに日曜日に仕事をした。反省文を提出」とコメントをつけて、**全社一斉にメール**を流します。

わが社は、**「反省文2枚で始末書。始末書2枚で賞与半額」**の方針です。すると、恥をかかされるのも、始末書を書くのも嫌で、早く帰るようになります。

❸ 21時から4時まで、「社内ネットワーク」へのアクセス禁止

今から約5年前、日本経営品質賞の受賞歴があるA社の社長の話を聞いたときのことです。

A社では、「21時になると、社内システムのホストコンピュータにアクセスできない仕組みになっている」と言うのです。

アクセスを許可すると、遅くまで仕事をします。でも、ネットワークに入れないと仕事

ができないので残業が削減できます。

この話を聞いたとき、「これはいい！」と感心しました。

いつでも残業できると思うから、社員はダラダラと残業する。けれど、ネットワークを遮断すれば、その時間までに終わらせるので、集中して仕事に臨むようになる。

しかし一方で、自称「パクリの天才」の私でも、「A社の取り組みはレベルが高いので、落ちこぼれ集団の武蔵野では、マネはできない」と思っていました。

それから1年ほど経ってから、ようやく気がつきました。

「A社ができたのだから、うちもできるのではないか？ あのときすぐにマネができなかったのは、**オレ自身にやる気がなかっただけだ**」

そして、わが社もA社のマネをして、ネットワークへのアクセスを制限することにした。

そして、システム部に、アクセス制限をかけるプログラムの開発を指示した。

私は、**経営計画発表会で「今後は21時30分をもって、社内ネットワークへのアクセスを禁止する」と全社員に向けて宣言**しました。

つまり、「21時30分までしか仕事をしてはいけない」のです。

「21時」ではなく、「21時30分」にしたのは、いきなりA社と同じ21時にするのはムリがあると判断したからです。

●――わずか30分縮めるだけで、年間「2400万円」の削減に成功

現在は、社内システムにアクセスできない時間を21時30分から30分繰り上げて、**「21～4時まで」**としています。

30分の繰り上げを思いついたのは、2014年の6～7月に行われた「サッカーワールドカップブラジル大会」がきっかけです。

「日本戦」が朝の通勤時間帯（朝7時）から中継されたとき、私は、**「当日は出社を2時間遅らせていい。ワールドカップを観てから出社しなさい」**と指示を出しました。定時出社にしたところで、気もそぞろで仕事が手につかないのは目に見えていたからです。

すると社員は、拍手喝采。「小山さんは、なんていい社長なんだ。神様、仏様、小山様」と喜びました（笑）。

そうすると、面白いことに、**「始業時間は2時間遅くなったのに、仕事が終わる時間も**

仕事の量も、ほとんど変わらなかった」のです。

この事実から、私は、次のような仮説を立てました。

「ホストコンピュータの遮断時間を30分早めても、いつもと同じ量の仕事ができるのではないか？」

そこで、後日、全社員を集めた勉強会で「これからは、21〜4時まで社内システムを止める」という方針を打ち出した。

ワールドカップのときとは打って変わって、社員からは大ブーイング。賛成した人はひとりもいません。

社員のためを思って、「遅くまで仕事をしなくていい」と言ったのにブーイングになるから、わが社の社員も変わっています（笑）。それだけ残業代がほしい。

「小山さんは、なんてひどい社長なんだ。鬼だ、悪魔だ」と手のひらを返したが（笑）、**「始業時間を2時間遅らせても終業時間が変わらなかったから、30分早めても文句は言えないはずだ」**と社員を説得し、断行した。

結果的にこの仮説は実証され、わが社の残業時間はさらに減っています。

仮に人件費が「1時間1000円」とします。「30分早くなる」と、人件費が500円安くなる。

社員が200人いれば、1日あたり「10万円」人件費が浮きます。月の出勤日数を20日間で計算すれば、月200万円、**1年で2400万円**です。

たった30分時間を縮めるだけでも、1年間で2400万円も人件費を削減することができる。

驚きではありませんか。

●—一度に大きな成果を狙わず、小さな改革を積み重ねよう

最初から大きな改革をすると、うまくいきません。

最初から、大きな成果を挙げようとすると、社員はついてこれません。

大切なのは、**今できる小さな改革を積み重ねていくこと。そして、「成果は急がない。けれど、取り組みのスピードを上げること」**です。

プリマベーラの吉川社長も「最初からムリをすると、成果が挙がらない」と実感してい

ます。

プリマベーラは、残業時間の削減（就業時間の目標）を経営計画書に明記しています。「2年前は『月に100時間以上は働いてはいけない』と書き、昨年は『月に95時間以上』と書き、今期は**『月に90時間以上』**と書いています。

5時間ずつ刻んだのは、**5時間ならムリがないと判断**したからです。10時間の削減を一気にすると、生産性を劇的に上げないといけないので、社員にムリを強いることになりかねません」（吉川社長）

●「終電が当たり前」からどうやって夜8時半退社へ？

ISO総合研究所の山口社長も、「従業員がイメージできる改善策でないと、うまくいかない」と考えています。

「小山社長は常々、『社長の仕事は決定することで、社員の仕事は実行すること』だとおっしゃっています。とは言え、当社は、終電で帰るのが当たり前の環境でしたから、『明日から定時で帰る』と決定しても、すぐには実行できません。いきなり大きな成果を期待するのは難しい。

そこで、**『1日1分だけ昨日より早く帰る』**ことを目標にした。牛歩のような戦術ですが、結果的にうまくいったと思います」（山口社長）

以前のISO総合研究所は、社員が残業時間中に、「筋トレをする」「焼き肉をたらふく食べに行く」「社員のお誕生日会をする」など、やりたい放題だった。

しかし、「1日1分の改善」が定着した結果、終電で帰るのが当たり前だった会社が、実施後3か月間で、**「夜8時半には帰れる会社」**に変わっています。

❹ オフィスの「施錠時間」をチェックし公表する

「社内のネットワークに入れるのは、21時まで」と決めると、わが社の社員は頭がいいので、「コンピュータを使わないとできない仕事（ネットワークにアクセスしないとできない仕事）を21時までに終わらせて、それ以外の仕事を21時以降にやります。

これでは残業はなくならず、帰る時間も変わらない。

そこで今度は、**「何時に営業所の施錠をしているか」**をチェックするようにしました。

契約をしている警備会社から、「営業所の施錠時間（セキュリティをセットした時間）がわかるデータ」を提供してもらい、**「21時30分までに施錠した日が月に何日あるか」**を**数値化**しました（↓次ページ図）。

そして、**月に一度ある部門長会議で、「前年同月に比べて、どれくらい早くなったか（どれだけ遅くなったか）」を発表**するようにした。

施錠時間が遅いのは残業が多いからであり、残業が多いのは部門長が部下を管理できていないからです。施錠時間を公開したことで、「早く施錠しないといけない」「早く部下を帰さないといけない」と**部門長の意識が変わり、実施1年後には、施錠時間が大幅に改善**された。

わが社は、

「ネットワークカメラで営業所内の状況をモニタリングする」
「21時から4時までは社内システムに入れない」

■月一の部門長会議の施錠データ（拠点別、21:30までにセットした日数）

支店名		5月	6月	7月	8月	9月	10月	11月	12月	1月	2月	3月	4月
小金井支店	前年	−	−	−	−	−	−	16	11	10	7	12	4
	実績	8	5	7	9	12	5	14					
国分寺支店	前年	−	−	−	−	−	−	15	17	11	14	17	22
	実績	19	14	15	18	14	13	18					
第2支店	前年	−	−	−	−	−	−	10	10	13	12	12	12
	実績	14	10	13	17	19	9	16					
第3支店	前年	−	−	−	−	−	−	21	11	18	13	11	10
	実績	15	12	16	17	15	11	19					
吉祥寺センター	前年	−	−	−	−	−	−	26	29	29	27	29	30
	実績	27	30	27	20	22	20	26					
立川センター	前年	−	−	−	−	−	−	18	17	21	20	25	26
	実績	30	29	30	27	15	18	16					
SM立川・MM立川	前年	−	−	−	−	−	−	17	15	25	21	21	22
	実績	29	10	15	12	14	7	9					
MM小金井/TMX	前年	−	−	−	−	−	−	28	25	30	28	30	30
	実績	29	30	30	28	27	26	26					
HI立川	前年	−	−	−	−	−	−	27	27	25	25	30	29
	実績	29	30	30	30	29	30	30					
HI国分寺	前年	−	−	−	−	−	−	28	26	30	28	29	30
	実績	28	30	30	30	29	26	29					
HI三鷹	前年	−	−	−	−	−	−	24	20	25	24	23	27
	実績	26	29	26	25	24	16	29					
HI武蔵野	前年	−	−	−	−	−	−	30	26	23	28	29	29
	実績	26	27	28	28	29	28	30					
HI西荻窪	前年	−	−	−	−	−	−	28	29	29	27	29	30
	実績	30	29	30	30	26	28	29					
本社	前年	−	−	−	−	−	−	17	24	20	20	22	18
	実績	17	18	21	21	18	13	23					
経営サポート	前年	−	−	−	−	−	−	20	19	23	21	19	19
	実績	19	19	22	26	23	17	21					
ITソリューション（システム）1月から本社横	前年	−	−	−	−	−	−	17	24	20	20	22	18
	実績	17	18	21	21	18	13	23					

「施錠時間をチェックする」

という3段構えによって、社員が営業所に残れない仕組みです。

社長が「やれ」と言ってもやらない社員がまともです。

だとすれば、**やらざるをえない仕組み**をつくって、「よいことを強制する」のが社長の仕事です。

●──残業時間を「ポイント制」にして評価と連動

株式会社リカースペース太陽（山口県／小売・酒販売）は、地域密着型セレクトショップを山口県内に11店舗展開しています。

リカースペース太陽の閉店時間は21時（店舗により異なる）。しかし、閉店後も社員は遅くまで残っていた。

そこで三野智弘社長は、警備会社からデータを取り寄せて、施錠時間による残業の管理を始めています。

「閉店後もダラダラ仕事をするので、深夜0時まで会社に残る社員もいました。新卒社員が『遅くまで仕事をしたくない』と思っても、先輩社員は『オレたちは昔からこうやって遅くまで仕事をしていたから、おまえらも我慢しろ』と言い出す者がいて、帰りにくい雰囲気もあった。

そこで、武蔵野さんにならって、**警備会社から毎月データをもらい、施錠時間を人事評価（昇給や賞与の評価）に結びつける**ことにしました。当然、残業が多い店舗は評価が低くなります。

具体的には、閉店後、30分以上残業をすると、**『30分ごとに1ポイント』評価を減点**する仕組みです。2時間残業をすると、4ポイント減です。

また、店舗ごとにポイントを競わせ、最も残業が少なかった(ポイントが減らなかった)店舗には報奨金を与えています。

この仕組みを取り入れてから、ズルズルと仕事をすることがなくなって、**閉店後30分以内に帰る**ようになりました」（三野社長）

●―残業改革は、社長と幹部がよく話し合うことから

三野社長が残業への取り組みを始める前から、「川添店」だけは残業がゼロで、三野社長は「川添店が見本になった」と言います。

「『川添店が残業ゼロを実現できているから、他の店舗でもできる』という説得が社員を動かしたと思います。

社長が一方的に『残業をなくせ』と命令すると、社員は反発します。私が『残業をなくすのは社員の健康のため』と正論を言ったところで、社員は『どうせ人件費を減らしたいだけだ』と勘ぐるだけです。

そこで私は、まず**幹部と意見をすり合わせる**ことにしました。そして、私から『残業への取り組み』について社員に伝えるのではなく、**幹部から伝えてもらう**ことにした。

一般社員にとって社長は遠い存在でも、幹部は身近です。幹部が率先して早帰りをすれば、私が命令するより一般社員も受け入れます。残業問題に取り組むなら、まず、**社長と幹部がよく話し合うことが大事**だと思います」（三野社長）

5 休日に仕事をするときは、事前に「代休」を申請する

先日、武蔵野始まって以来の快挙の瞬間が訪れました。

何が起きたと思いますか？

「日曜日に誰も仕事をやらなかった」

「日曜日に出勤した社員がゼロになった」

のです。

私が今、取り組んでいるのは、**休日出勤をなくす**ことです。

２０１６年から**「日曜日（休日）に仕事をやってはいけない」**方針を打ち出しています。

理由は２つあります。

①社員の健康を守るため

ビジネスの持続可能性を高めるには、**社員の健康**が大切です。

残業が少なくなったとは言え、社員は、毎日、密度の濃い仕事に携わっています。当然、疲れもたまりやすい。日曜日（休日）に仕事をすると、疲れを取ることができません。疲れを引きずったまま仕事を続けると、パフォーマンスが下がり、健康を損なう可能性がある。ですから、日曜日はしっかり休ませる必要があります。

② 社員の家族のため

日曜日に父親（母親）が仕事に出ると、家族とすごす時間がなくなります。家庭の平和あっての仕事です。

わが社は、政策勉強会など、全社員参加のイベントを土曜日に行うことがあります。社員から、「小山さん、その日は子どもの運動会があるのですが」と相談を受けることがある。私は即座にこう答えます。

「運動会のほうが大事。勉強会は出なくていいから、運動会に行きなさい」

お客様の都合で、どうしても日曜日に仕事をするときは、休日出勤をする前に、**「代休の申請」**をさせます。

申請のない休日出勤は、休日出勤手当も残業代も支払わない決まりです。

わが社の社員は「休め！」と言われて、「はい、わかりました」と休むような人ばかりではありません。だから、**強制的に休ませる仕組み**が必要です。

❻ 単純で生産性の低い仕事はアウトソーシングする

わが社は、パート・アルバイトを入れると約８５０名に及ぶ大所帯です。

でも、経理部門はわずか３名です（社員２名とパート１名）。

月次決算は、翌日の夕方６時には、ＰＬ／ＢＳが出ます。

総務に至っては、ひとりしかいません。

経理も総務も、最少人数でできるのは、**社員に完璧さを求めていない**からです。

経理や総務に求めるスキルが、他の会社が１００とするなら、わが社は「90」の仕事をしてくれればいい。では、残りの10はどうするか？

アウトソーシング（外注）すればいい。

専門的なことや非生産的な作業は、社内でやらずにアウトソーシングする。

武蔵野は以前、ＩＳＯやＰマークの認証取得や運用を自社で行っていましたが、今考えると本当にムダでした。担当者をつけてノウハウを覚えても、人事異動で担当者が変わると、またイチからやり直しになるからです。

ＩＳＯやＰマークの取得も、手間がかかるわりには、それ自体が利益を生み出すわけではありません。これならアウトソーシングしたほうが得と考え、ＩＳＯ総合研究所に運用代行をお願いしました。

私は、何もかも、すべての仕事（作業）を社内でやるべきだとは思っていません。「効率がいい仕事」「生産的な仕事」だけを社内で行い、それ以外の「効率が悪い仕事」「非生産的な仕事」は、アウトソーシングすればいいと考えています。

なぜなら、単純で生産性が低い仕事をさせると、従業員が腐って、離職の原因になるからです。

ムダな仕事が減れば、当然、残業時間も減り、早く帰ることができます。

「人が採れない時代」に大切なのは、人を辞めさせないことです。

だとすれば、単純作業でもアウトソーシングが正しい。

社長の仕事は、社員が働きやすいように環境を整えることです。

小田島組の小田島社長は、残業を減らすために積極的にアウトソーシングを活用中です。

「これまでは、建設現場事務所（建設現場で限られた期間のみ必要とされる事務所）を自社の社員が建てていた。現在は、アウトソーシングです。また、パンフレットやポスターは社内制作でしたが、現在は専属の女性デザイナーにお任せしています」（小田島社長）

❼ 企画書は長々書かず、「A4・1枚」のテキトーでいい

企画書、提案書は「A4・1枚」のテキトーでいい。

わが社の社員は、共通の理解や価値観が共有されているので、要点だけを押さえたシン

プルな企画書で差し支えありません。それに、「A4・1枚」だけなら時間がかからないので、企画書作成の残業がなくなります。

「時間をかけて企画を練り上げたほうがいい企画ができる」「企画書やプレゼン資料は厚いほうがいい」と言う人もいますが、それは**間違い**。

スキルが「10」の人が、翌日20に成長するなら、翌日まで企画立案に時間を割いてもいいが、10の人は翌日も10のままです。1週間後も10だし、1か月後も10でしょう。

だとすれば、少々甘い企画ですぐに提出したほうが仕事のスピードが損なわれない。

なぜ、企画は「見切り発車が正しい」のか

企画は、「見切り発車が正しい」。

完璧な企画を100点満点としたら、「10点の企画」でスタート。企画の精度より、**見切り発車で「すぐに実行に移す」ほうが重要**です。

そして、実際にやりながら、お客様の声を聞いて調整すればいい。

経営サポート事業部の人気セミナー「実践社員塾」は、佐藤義昭本部長（現在取締役）が6か月間立派な企画を立てていましたが、テキトーな計画でスタートさせ、毎回カリキュラムをお客様視点で変更したところ、年間2億円のセミナーに育った。

企画書が長くなるのは、「あれもこれもすべて盛り込む」からです。けれど、「A4・1枚」のテキトーでいいと決めれば要点が絞られ、企画書をまとめやすくなります。

会議もフォーマット化し、ダラダラ会議を撲滅

会議の報告も、同一のフォーマットに基づいています。フォーマット化すれば、必要なことだけを端的に報告でき、時間が短縮できます。

会議は、職責下位から（ア）～（オ）の順番で報告するのが決まりです。

【会議のフォーマット】

（ア）実績報告（数字）

売上、粗利益、営業利益、新規件数、残業時間などの具体的な数字を報告する

（イ）お客様からの声

お客様にほめられたこと、叱られたこと、クレームを共有する

（ウ）ライバル情報

どんなライバルが、どういう体制で、どういう営業攻勢を仕掛けているのか

（エ）本部・ビジネスパートナー情報

おもに、仕入れ先の情報

（オ）自分・スタッフの考え

お客様やライバル会社の動向を踏まえたうえで、最後に自分の意見を話す

「お客様からの声」と「ライバル情報」に関する報告は、1件につき**「A4用紙に2行」**と決めています。

長く書かせると、社員がウソをついたり作文を書いたりする。

私が知りたいのは、**「いつ、どこで、誰が、何をしたか」という客観的な事実だけ**です。

だとすれば「**2行**」で**十分**。

そして、**発表時間も1分30秒、2分、3分、5分、最大7分**と決めています。

❽ 環境整備を徹底し、「仕事のムダ」をなくす

会社の文化を共有するための重点施策として、**「環境整備」**の取り組みを実施しています。

環境整備とは、わかりやすく言うと、**整理・整頓を徹底する**ことです。

毎朝30分、全社員が掃除（整理・整頓）をします（**就業時間内**に行う）。

窓を拭く、トイレ掃除をする、床のワックスをかけ直すなど、「今日はここだけを掃除する」と分担を決めて、とことん磨き込む。環境整備は、わが社の**経営の根幹**です。

●──「掃除」と「環境整備」はどこが違う?

環境整備は、客観的に見ればただの掃除ですが、本質的には違います。

掃除は、「掃いたり、拭いたりして、ゴミやホコリ、汚れなどを取り去ること」ですが、環境整備の目的は、**「整理・整頓を習慣化することで、仕事をやりやすくすること」**です。環境整備は、「物」「情報」「考え方」など、すべてに応用できます。

環境整備をすると、「仕事がしやすい環境が整う」「仕事のムダ、職場のムダがなくなる」「全員で整理・整頓をすることで、社員の価値観が揃う」など、さまざまなメリットがあります。これまで600社超の会社を指導した基本が環境整備です（↓環境整備の詳細は、拙著『**【決定版】**朝一番の掃除で、あなたの会社が儲かる！』〈ダイヤモンド社〉をご参照ください）。

わが社では、稟議をウェブ上で承認できる「スピード決裁」を使っています。社員が稟議書を提出すると、これまでは上司、その上司、役員など、実に8人の承認者を挟んでから、最後に私が承認するという経路でした。

でも、多数の承認を必要とするこの仕組みでは時間がかかる。そこで現在では、承認者の人数を8人から5人に減らして、いち早く業務改善に取り組める仕組みに変えています。こうした発想も、仕事をやりやすくする環境整備のひとつです。

●—定位置&定数管理で残業減！　大好きなお酒がゆっくり飲める

3年目社員の皆川真祐子課長は、「社内の環境整備をすることで、時間を短縮することができた」と**環境整備による早帰り効果**を実感しています。

「私は以前、ダスキンホームサービス（一般家庭を対象にしたサービス）のルートセールスをしていました。

当時は1日100軒近く回っていたから、お客様にお届けする商品を探すだけでも、かなりの時間を取られていた。

でも、環境整備で、どこに、何が、どれくらいあるのか、**定位置管理、定数管理を徹底**したことで、物を探す時間が減りました。物を探す手間が省ければ、それだけ『お客様と接する時間』を長く取ることができます。もちろん残業時間も減って早く帰れるから、**大好きなお酒をゆっくり飲める**ようになりました（笑）」（皆川）

●――「未払い残業代600万円払え！」――元従業員から内容証明が！

株式会社FirstDrop（神奈川県／飲食店）は、「はなたれ」「The Fish & Oysters」など、人気飲食店を経営する会社です。平尾謙太郎ＣＥＯは、「ある出来事」をきっかけに、残業問題に本腰を入れることになります。

「ある日突然、当社を辞めて独立した元従業員から、未払い残業代を支払うよう、**内容証明郵便**が送られてきました。びっくりしました。金額は『**600万円**』です！」（平尾ＣＥＯ）

結果としては、裁判所で争うことはなく、一銭も払わずに和解できたものの、この事件を機に、平尾ＣＥＯは社員の就業状況を見直すことにしました。

「基本的に飲食店は、労働時間の管理が甘いですし、残業代もせいぜい『みなし残業』（従業員の正確な残業時間を把握できない場合に、残業時間をあらかじめ見込んで給料を払うこと）があるくらいです。

お店の規模が小さくて従業員も少なかった時代は、従業員と一緒に飲みに行くだけでコミュニケーションが取れていたし、訴えられることもなかった。

けれど、店舗数が増えて（15店舗）従業員が180人体制になるとそれができないから、会社として、**きちんとした仕組み**をつくらないといけません。内容証明が送られたときは、ちょうどわが社でも、新卒採用を始めたときでした。**新卒社員を定着させるうえでも、残業問題は無視できない状況**になっていたんです」（平尾CEO）

●──「残業問題」と「環境整備」を同時に取り組む効果

平尾CEOは、元従業員から内容証明が届いたことを、思い切って**全社員に公表**しました。

「とても大事なことだから、隠さずに共有すべきだと思いました。

『みんなも知っている元従業員の○○から、こういう手紙が届いた。未払い残業代として600万円支払えと書いてある。この600万円を払うと、**みんなが稼いでくれた会社の利益が減ってしまう**ということだよね』と全員に伝えたんです。**公表したことで、全員が同じ方向を向くことができた**と思います」（平尾CEO）

FirstDropは、「新卒社員は9時間以上、仕事をさせてはいけない」と各店舗の店長に通達するなど、労働時間の管理に着手。それと並行して「環境整備」に力を入れて、**社員の価値観を揃えることに注力**しています。

環境整備を就業時間の改善に使ったわけです。

「当社の場合は、**残業問題と環境整備を同時に取り組んだことがよかった**ですね。環境整備を徹底すると、**社長と社員、それから社員同士の価値観が揃い**ます。情報共有もしやすい。

環境整備を始めたことで、**会社の方針や私の決定を守る組織に変わった**気がします。従業員の中には、環境整備に反発して辞めた人もいますが、その代わり、残った社員の連帯意識は高まっているので、よい方向に進んでいます。

小山社長がおっしゃるように、今の若い人は、『給料よりも休み』を優先しますが、私は『**給料も休みも多い飲食店**』をつくっていきたいですね」(平尾CEO)

●―ＰＤＣＡサイクルを回すための最高の練習

株式会社イガラシ（福井県／葬儀）は、葬儀・葬祭用品を扱う会社です。

五十嵐啓二社長は、２年半前から環境整備に取り組んでいます。

「環境整備の整理（捨てる）と整頓（揃える）を徹底したおかげで、物を探す時間が少なくなりましたし、社員のコミュニケーションがよくなりました。

また、社員が**自発的に『もっとこうしたほうが、使い勝手がよくなるのではないか』と試行錯誤**するようになって、業務改善への意識が高くなった気がします。

たとえば、『なんとしても6時30分には帰ろう』と決めたら、**『どうすれば帰れるようになるのか』を社員が自ら考えられる**ようになった。環境整備が**ＰＤＣＡサイクルを回す練習**として大きな役割を果たしています」（五十嵐社長）

和幸工業株式会社（千葉県／自動車整備）は、「車検のコバック」や「鈑金のモドーリー」を展開する自動車整備会社です。

自動車整備や鈑金塗装は、「いつまでに直してほしい」というお客様のご要望があるうえに、自動車事故はいつ起きるかわからない。スケジュールどおりに作業が進まず、残業になることがあります。

「いつ、この仕事が入ってくる」と、あらかじめ需要がわかっている仕事だけではありません。自動車事故が重なれば、仕事量はどうしても増えてしまう。

かと言って、いつ入るかわからない修理のために、人員を厚くするわけにもいかない。

「私たちの仕事は、予定していた仕事の間に、ポンポンと新しい修理の仕事が飛び込んできます。それを無視して、『今はもう手いっぱいで受けられません』と断ったら、お客様はついてきてくださらない。お客様が困ったときに応えられる会社でなければ、会社を伸ばしていけない。そういったジレンマがあります」（五十嵐正社長）

●——社員の「仮説検証力」を鍛える環境整備

とは言え、五十嵐社長も、手をこまねいているわけではありません。みなし残業制度を採用したり、最需要期にはパートを増やすなどして、労働環境の改善に尽力しています。

3年前までは、月に「70～80時間」も残業をしていた社員が、**現在は「40時間」**にまで減っています。

「私たちの商売では、『1時間あたりいくら稼げているか』がひとつの指標になります。月の総工賃に対して、労働時間が増えるほど、1時間あたりの作業工賃は下がります。その指標をあらかじめ計画に落とし込んで、『今月は、時間あたりの生産性がどうだったのか』を常にチェックしています。

残業が増えれば増えるほど、単価が下がるので、『どうして今月は下がったのか』を検証し、**『では、どうすれば下がらずにすむのか』の仮説を立てて実行**しながら、よりよい指標に持っていけるように取り組んでいます」(五十嵐社長)

五十嵐社長は、生産性を上げる(1時間あたりの工賃を上げる)ための土台として、環境整備の有効性を強く感じています。

「環境整備の持つ**『仕事をしやすくする環境を整えて備える』**の概念は、生産性を高くしてくれます。工具ひとつを取っても、ここからあっちまで行って、20歩かかって作業をするのと、一歩、二歩で取って作業をするのとでは、作業のスピードが変わります。『今まではひとりでドアの塗装をするのが当たり前だったが、2人でやってみると時短になるのではないか』など、**社員が自発的に試行錯誤**するようになったのも、社員の間に環境整備の概念が浸透しているからだと思います」（五十嵐社長）

●─「一歩・一秒・一工程・一関節・一聞《ひとききき》」を削減する「やきとり宮川」

有限会社宮川商店（東京都／飲食業）は、鶏肉専門の卸問屋として創業し、現在は「やきとり宮川」を出店・運営。繁盛店として、口コミサイトなどでも高い評価を得ています。

「一歩・一秒・一工程・一関節・一聞の削減」が星浩司社長の考え方です。

万歩計を使って「1日の歩数」を記録する。前回よりも歩数が増えていれば、その理由を明らかにする。ストップウォッチを使って作業時間を計測し、**「どうすれば、昨日より5秒早くなるのか」**を考える。こうした**仮説と検証**を常に繰り返しています。

「私は、**『仕事の9割はルーチンワーク（毎日の繰り返し作業）に時間を取られている』**と考えています。ルーチンワークの質を高めることが、生産性のアップにつながる。その

ためには、**『何に、どれくらいの時間がかかっているのか』を計測するのが効果的**だと思います」（星社長）

やきとり宮川では、「お弁当の店頭販売」をしていますが、**毎朝、「前日の仮説検証ミーティング」**を行ってさまざまな改善案を話し合い、即、実行しています。

「作業時間の短縮、人員の削減や商品サービスの向上、効率の追求、非効率の追及を**パート・アルバイト全員で**話し合います。従業員は、『お弁当の製造時間を1秒でも縮めたい』という気持ちで仮説検証するので、話題が尽きることはありません」（星社長）

以前、「すき間時間を利用して、あらかじめおしぼりを袋詰めしておけば、時間短縮になるのではないか」という仮説を立てた結果、**実際に15分の短縮**になったと言います。

「こうした改善は、店長やパート・アルバイトが自発的に行うもので、私が何かを指導したことはありません。**環境整備を徹底したことで、改善の考え方が浸透**しているのでしょう」（星社長）

スタッフの動きにムダがなくなった結果、労働環境も改善されています。

飲食業界は「労働時間が長い」という理由で、人材がなかなか定着しません。

そこで星社長は、「飲食業界で、日本一労働時間の短いお店にしたい」と考え、**「ホワイト企業宣言」（週休2・5日／23時完全閉店）**を掲げています。

環境整備に取り組む前は、「8～22時まで休憩時間が取れない状態」でしたが、現在は**「時間内に終わる」**ように作業の環境整備が進められています。

9　部門横断の「早帰り推進チーム」をつくり、改善スピードを上げる

生地は、縦糸と横糸を組み合わせて織ることで、耐久性が生まれます。

会社も同じです。

会社は、**事業部が縦糸**です。多くの会社は縦糸だけしかないので弱い。

しかし、武蔵野には**横糸**がある。**部門を横断して改善を進める「社内チーム」**です。

全8チームある社内チームの中で、早帰りに取り組むのが、**「早帰り推進チーム」**です。「早帰り推進チーム」が発足したのは2014年ですが、実は5年ほど前にも、就業時間の見直しを目的としたチームがありました。

ただ、当時の取り組みは極めてアナログで、夜になるとチームメンバーが各営業所・支店を回り、「早く帰ってください」と声をかけるのが精一杯でした。ほとんど成果は挙がらず、残業は減りませんでした。

――「売上は下がってもいいから、残業時間を減らせ」の指令を受けた「早帰り推進チーム」

そこで今回のチームには、**「売上は下がってもいいから、残業時間を減らせ」と指示**を出し、積極的な業務改善を任せています。

警備会社と連携して「施錠時間」を数値化したのも、「早帰り推進チーム」の実績です。

かつて、そのチームに所属していた浅野高志課長は、「早く帰る人」と、「遅くまで会社に残る人」を比較し、「成績がよい社員ほど早く帰り、成績が悪い社員ほど遅くまで会社に残っていた」ことを突き止めた。

「成績がよく残業をしない社員」の仕事のやり方を一般化して横展開した結果、残業時間を減らすことができました。

「早帰り推進チーム」のメンバーで、経営サポート事業部長でもある久保田将敬は、「売上が下がってもいい」という私の発言に触れ、「早帰りの風土をつくることが私たちのミッションである」と強く自覚したと話しています。

「社員の一部には、『残業を減らしたいなら、お客様からの依頼を断ればいい』と短絡的に考える者もいましたが、小山が『売上が下がってもいい』と言ったからといって、『仕事を放り投げてでも早く帰ればいい』ということではありません。とても難しいことは承知のうえで、**残業時間を減らしながら、数字を維持するための施策を考えるのが、私たちチームの役割**だと考えていました」（久保田）

私が売上よりも早帰りを優先したのは、「今、早帰りに取り組んでおけば、短期的に売上が下がっても、**長期的には有利**になる」からです。

人は財産です。**社員を大切にしない会社に未来はありません。**

これからの時代は、「人を大切にする会社」「人が辞めない会社」が生き残る。そして、人が辞めない会社をつくるには、**早帰りの文化を根づかせる**ことが急務です。

「最近の若者は根性がないからすぐに辞めてしまう」といった論調をよく耳にします。

しかし、本当に辞める側だけが悪いのでしょうか？

私はそうは思いません。

社員が定着しないのは、会社側にも問題がある。だから、「ブラック企業」と言われないよう、残業を減らす必要がある。

●——横断チームが社員の意識を変え、残業が2分の1に

カルモ鋳工《ちゅうこう》株式会社（兵庫県／アルミ加工、銅合金の鋳造）も、部門横断の**「残業改善委員会」**を発足させ、残業時間の削減に取り組んでいます。

髙橋直哉社長は、委員会を立ち上げて、「残業に対する社員の意識が大きく変わった」と手応えを感じています。

「残業改善委員会は、残業時間を**『1年間で月平均40時間以内にする』**ことを目標にした

委員会です。部門ごとに、『自分たちの部門は、どれだけ残業を削減できたか』を毎月、報告させます。

夜9時以降の残業を禁止し、『9時前に帰るには、どうしたらいいのか』をメンバーで検討しています。この委員会ができて、**社員が『残業は問題である』『残業は悪である』という意識を持つ**ようになりました。実際に、**対前年同月で平均77時間あった残業は、ひとりあたり『38時間』と半減**しています」（髙橋社長）

名古屋眼鏡株式会社（愛知県／メガネ用品販売）も、**「ワークライフハーモニーチーム」**という部門横断チームがあり、早帰りの推進に取り組んでいます。

「当社は、仕事がないのに会社に残る文化がありました。地方から出てきてひとり暮らしの社員にとっては、家に帰っても退屈です。だから会社に残ります。

こうした文化を変えるには、**2つの方法**があると思います。

ひとつは、社長が早帰りを強制するハードランディングな手法。もうひとつは、社員の自主性に委《ゆだ》ねるソフトランディングな手法です。

『ワークライフハーモニーチーム』は、後者にあたります。社長が早帰りを強制すると、抵抗勢力が出てきますが、『ワークライフハーモニーチーム』は労働組合ではなく、**自発的に問題を解決する組織**で、幹部と社員の対立は起きません」（小林成年社長）

名古屋眼鏡の「ワークライフハーモニーチーム」は、**「20時半までには帰る」**を目標に、さまざまな啓蒙活動に取り組んでいます。

「社内にプロジェクトチームをつくって、社員みんなで考える。小さな一歩から進めていく。残業の文化をなくすには、それが一番取り組みやすいのではないでしょうか。

何万人も社員がいる大企業だったら、部門長や経営幹部が仕組みを考えると思いますが、社員50人であれば、社員自ら、自分たちの会社をつくっていくこともできると思います」（小林社長）

■武蔵野と各企業が行った「早帰り」への秘策

【武蔵野が成果を挙げた9つの秘策】

❶ 常用雇用者にiPadを配布して「空中戦」を展開
❷ 「ネットワークカメラ」を設置して、営業所内をモニタリング
❸ 21時から4時まで、「社内ネットワーク」へのアクセス禁止
❹ オフィスの「施錠時間」をチェックし公表する
❺ 休日に仕事をするときは、事前に代休を申請する
❻ 単純で生産性の低い仕事はアウトソーシングする
❼ 企画書は長々書かず、「A4・1枚」のテキトーでいい
❽ 環境整備を徹底し、「仕事のムダ」をなくす
❾ 部門横断の「早帰り推進チーム」をつくり、改善スピードを上げる

●警備会社と連携して「施錠時間」を数値化
●「成績がよく、残業をしない社員」の仕事のやり方を一般化して横展開

【カルモ鋳工】

部門横断の「残業改善委員会」で夜9時以降の残業を禁止したところ、対前年同月で平均77時間あった残業は、ひとりあたり「38時間」と半減！

【名古屋眼鏡】

「ワークライフハーモニーチーム」を結成し、20時半退社へ

第4章

なぜ、「椅子」をなくすと残業が減るのか?

社長と営業職に椅子はいらない

――椅子を捨てたら面白いように成績が伸びた課長

普通は、職責が上がるほど現場から離れます。デスクに座って部下を指導することが「上司の仕事」だと考えています。

けれど武蔵野は違います。

職責の高い社員ほど、積極的に現場に出ます。

社内に、「わが社がよくなるための情報」は、ひとつもない。**ビジネスの種は、外（現場）にしかありません。**

わが社の社長室に、私の椅子はありません。

■――社長室にある「椅子なし」デスク

私が社長室で仕事をするときは、「立ったまま」です（デスクの脚をかさ上げして、作業ができるようにしています）。

私は、武蔵野のナンバーワン営業マンであり、ほとんど会社にいません。

ですから、椅子は必要ない。座るのは、会議をするときだけです。

わが社は、**「営業課長職以上」の社員も専用の椅子はありません。**共用の机があるだけです。社内にいる間は、立って仕事をします。

かつて社内に、ひとりだけ営業成績の悪い課長がいました。

どうして第三支店の石橋伸介課長の成

績が悪いのか調べてみると、手違いで彼にだけ椅子があった。

即座に椅子を捨てさせると、面白いように成績が伸び、A評価になった。

どうやら、椅子の有無と業績には、密接な関係があるようです。

●――抵抗勢力にめげずに「椅子なし」を断行

株式会社ぱそこん倶楽部（滋賀県／中古パソコン販売・リサイクル）は、中古パソコンの通信販売を行う会社です。

竹村昭広社長が社長に就任したのは、今から約3年前。血縁のない会社にアルバイトとして入社。その後社員となって子会社を創業し、その子会社から親会社の社長になりました。

仕事の効率化を考えた竹村社長は、まず、自分の机から椅子をなくした。すると社員は、「白けた目で見ていた」と竹村社長は言います。

「私よりも入社歴が長い社員にしてみれば、『後から入ってきた人間が社長になった途端、わけのわからないことをしている』と映ったのだと思います。私のことをシラーッとした目で見ていたから（笑）。『何の嫌がらせか』と、投稿してきた社員もいました。

それでも気にせず、『椅子なし』を続けました。私の会社は社屋が2つあり移動が多く、私もジッとしていられないので、椅子はいらなかったんです。私は、『椅子があると落ち着いて仕事が遅くなる』クセがあった。5分でできる仕事も、座るとゆっくりしているから15分かかってしまう。だったら、椅子をなくしたほうが仕事もはかどりますよね」（竹村社長）

以前のぱそこん倶楽部のオフィスには、机も椅子もムダに多く、社員数の倍近くあった。そこで竹村社長は机と椅子を減らし、「決められた作業スペースで、立って作業をする」方針を打ち出した。

その方針に反発して辞める社員もいたが、それでも竹村社長は絶対に引かなかった。「机だけでも、50台は捨てたと思います。パソコンを中古販売（リサイクル）するときには、ハンダゴテを使ってパソコンを修理しますが、こうした作業も、今では**全員立って**していますね（細かな作業や体調に不安があるときは、座ってもいい決まり）。

また、椅子がなくなったことで、**作業にかかる時間が短縮**されたと思います。パソコンを仕入れたら、状態をチェックして、メンテナンスをして、製品化して、写真を撮影し、ホームページに掲載したり、店舗に並べたりする。こうした一連の作業も、立つことで**フットワークが軽くなった**と実感しています」（竹村社長）

●──「椅子なし」で「ダイエットに成功」!?

株式会社関通は、元々は物流倉庫業がメインでしたが、現在は配送センター事業を中心に、受注管理業務やソフトウェアの販売、ホームページやオンデマンド印刷など、周辺業務にも事業を広げています。

関通では、従業員550人中、**椅子がある社員は40人だけ**です。

業務の性格上、本社の経理と総務（受注管理）は椅子を残していますが、それ以外の現場に椅子はありません。

「椅子をなくした理由は、見栄えが悪かったからです。関通では、**物流倉庫をショールー**

ム化して、月に一度、『学べる倉庫見学会』のセミナーを実施しています。ショールームはお客様に見せるものだから『椅子に座って仕事をしていると不細工！立ってやる仕事はクールでカッコいいのでは？』と思ったのが椅子なしのきっかけです。はじめは**カッコよさだけで椅子をなくしましたが、**作業効率を考えても、**結果的に作業のスピードが速くなって生産性が上がりました。**それに、仕事をしながら**ダイエットに成功した従業員**もいます」（達城社長）

達城社長は、椅子なしの他に、倉庫の照明をすべて蛍光灯から「LED」に交換するなどして、**「明るい倉庫」**を目指しています。

「交換したLEDの数は、**5500本。計6000万円**かかりました（笑）。LEDにすれば節電の効果が期待でき、なにより**お客様からいただく感想**が変わりました。

倉庫は暗いイメージがあるが、当社は**とにかく明るい**。しかも従業員は**キビキビハキハキと立って仕事**をしているので、お客様の印象がいい。

明るい倉庫の実現で、倉庫見学にきていただいたお客様からの受注がさらに増えました」（達城社長）

会社から「椅子」をなくす4つのメリット

●――社内から椅子をなくすだけで、改善が進む理由

「椅子」をなくすと社員の成績が上がるのは、おもに「4つ」の理由からです。

【椅子なしの4つのメリット】
❶ 残業が減る
❷ 「穴熊社員」が減る
❸ 健康になる
❹ 変化に対応しやすくなる

❶ 残業が減る

立ちっぱなしだと疲れます。疲れるから、早く帰ります。

自分の椅子があると、資料の作成も経費精算なども、ダラダラやります。

でも、椅子がないと、必要なことを手早く短時間で行う。だから作業の効率化が進みます。

また、椅子に座った状態から「立ち上がって移動」と「立っている状態から移動」では、後者のほうが早く動き出すことができます。仕事のスピード感が損なわれず、「資料をコピーしてすぐ確認する」といった作業も、立っているほうが速くできます。


株式会社イガラシも、環境整備の一環として「不要な椅子と机」を捨てて、業務のスピード化が図られたと言います。

「椅子をゼロにしたわけではありませんが、今までは4つも5つもあった商品管理部の椅子を減らし、**2つ**にしています。

商品管理部は商品の梱包などで、座ると効率が悪くなる。座りっぱなしだと、2階に行くのも梱包をしに行くのも負担になりますが、立っているとスムーズに動くことができます。

まだ椅子を残している事務所もありますが、それでも余分なロッカーや机を処分した結果、仕事がやりやすくなりました」（五十嵐社長）

●──「残業時間ワースト1位」の店舗に「椅子なし」を強制

株式会社丸山自動車（新潟県／自動車整備）は、「車検のコバック」や「鈑金のモドリー」など、13店舗を展開する自動車整備グループです。

丸山勇一社長は、「椅子なし」による作業の効率化に取り組んでいて、現在13店舗中3店舗に椅子がありません。

丸山自動車では、椅子をなくしたことで、おもに「2つ」の成果が挙がっています。

「① 残業の削減」と**「② お客様までの動線の短縮」**です。

「以前は座って作業をすると、どうしてものんびりしてしまい、その結果として残業が多くなっていた。

■丸山自動車の「椅子なし」動線変更

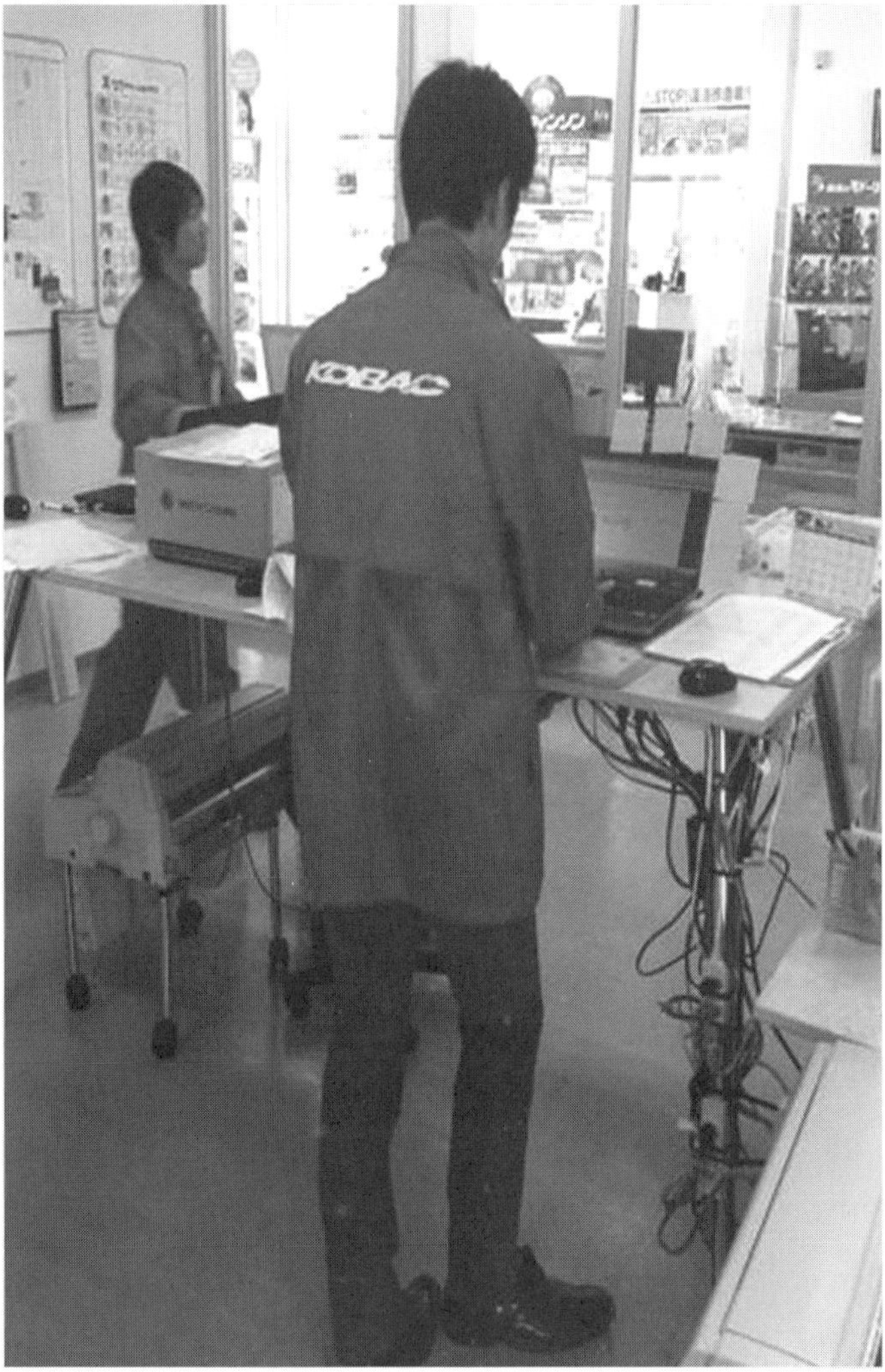

そこで椅子をなくして立ち机に変えたところ、残業が減りました。理由は単純で、立ち机で仕事をすると、**足が疲れる**からです（笑）。疲れるから、早く仕事を終わらせ、仕事に機動性が生まれた。

また、椅子があるときは、お客様に背を向けるレイアウトで、お客様との距離が長かった。そこで、立ち机にしてレイアウトを変更したところ、動線が短くなり、接客の印象もよくなりました」（丸山社長）

丸山自動車は、社員ひとりひとりの残業時間を店舗ごとに見える化（数値化）し、**「残業時間ワースト1位」の店舗を対象**に、次の3つの施策を実行しています。

施策は、ワースト1位を獲った回数によって、改善内容が変わります。

■1回目　クッション付きの椅子を撤去して、木製の椅子にする

↓お尻が痛くなって、早く帰りたくなる

■2回目　すべて立ち机にする

↓足が痛くなって、早く帰りたくなる

■3回目　蛍光灯LED化
　　　　→目が痛くなって、早く帰りたくなる

丸山自動車では、「椅子なし」をはじめとして、さまざまな取り組みを実施し、**全社で「月に1900時間以上」の残業削減に成功**しています。

❷「穴熊社員」が減る

社長や営業担当者が、穴熊のように社内に閉じこもっていては、会社はよくなりません。穴熊社長も穴熊社員も、穴の出入口からしか外（＝お客様）を見ていません。だから、視点がズレてしまう。社長も幹部社員も、積極的に穴から出て、現場を見なければいけません。

椅子があると心地よくて、出て行きたくなくなります。けれど、椅子がなくなると社内に落ち着ける場所がありません。

社内に椅子がないと、営業担当者は、「座りたい」と思います。

では、座るにはどうしたらいいでしょうか？

会社を出て、営業に行くしかありません。営業に行けば、車の中で座れる。電車の中で座れる。あるいは客先の応接室で座れる。

つまり、わが社の営業担当者にとって、お客様訪問は**「休憩」**でもあります。**家庭は心地よく、会社は居心地悪く。これが鉄則**です。

エネジン株式会社（静岡県／燃料）は、LPガスをはじめ、空調、住宅、リフォーム、太陽光発電などを扱う会社です。

かつて、自らを「穴熊社長」と称していた藤田源《げん》右衛《え》門《もん》社長は、椅子をなくしたことで、会社にいる時間が激減しています。

「なんと言っても、椅子がないと足が疲れます（笑）。椅子なしの机で仕事をすると、1時間も立っていられません。

結果として、現場に出るようになり、『会社にいる時間』が少なくなりました。浜松市では、立って仕事をする社長はめずらしいので、**新卒学生さんへのアピール**にもなりますね」（藤田社長）

❸ 健康になる

オーストラリアで行われた22万人規模の調査では、「1日11時間以上」座っている人と、「4時間未満」の人の死亡リスクを比べたとき、**前者のほうが「40％高まる」**との結果が明らかになったそうです。

また、イギリスやアメリカでも、座りすぎが心血管疾患や糖尿病、一部のガンなどを引き起こすと報告されています（NHK『クローズアップ現代』2015年11月11日放映「〝座りすぎ〟が病を生む!?」より）。

座りすぎは健康を害する危険性がある。一方、立って仕事をすれば、疾病リスクを減らすだけでなく、**体力の向上**にも効果があります。

株式会社モリトー（愛知県／介護用品の製造・販売・レンタル）は、介護リフト「つるべー」や、移乗補助アイテム「移座《いざ》えもん」といった介護・福祉用品の製造・販売をしています。

モリトーは、**本社と埼玉営業所の椅子がありません**。見積書をつくったり、図面を描くなど長時間の事務作業が発生したときだけ、椅子を持ってきてもいい決まりです。ただ、椅子がないのは営業だけで事務スタッフには椅子が常設されています。

椅子をなくしたのは「営業マンが社内にいる時間を少なくするため」で、石田和彦取締役は「椅子なしは健康にも寄与する」と感じています。

「私は猫背ぎみなので、座りながら仕事をすると、腰に負担がかかる。でも、立って仕事をすると背筋も伸びるので、**腰がラク**になりました」（石田取締役）

❹ 変化に対応しやすくなる

立っているより座っているほうがラクなのは、体が安定するからです。

でも私は、「立つ」という不安定な状態に慣れることで、**社員の対応力が養われる**と思っています。

安定感を好む人は、変化を嫌います。安定しすぎると、動作が遅くなりやすい。わが社に安定はありません。頻繁に人事異動をし、朝令暮改は当たり前です。会社のルールや方針もしょっちゅう変わります。

●—なぜ、ただのパイプ椅子が1脚8000万円もするのか？

社長室に私の椅子はありません。でも、「この椅子は1脚8000万円也」という札がかけられた椅子が4脚あります（↓次ページ）。

実際には、買った値段は1脚1万円もしません。

では、なんの変哲もないパイプ椅子が、どうして8000万円になったのでしょうか。

それは、

「過去に犯した大失敗が、形骸化しないようにするため」

です。私は新規事業に失敗し、総額**3億2000万円の損失**を被りました。事業を撤退した後に残ったのは4脚の椅子だけでした。

そこで、この失敗を糧《かて》にするために、**「1脚8000万円」**の札をかけた。

この椅子は自らを戒めるために常に社長室に置いており、武蔵野の現地見学会に参加した方にも公開しています。

■——1脚8000万円の椅子

ここまで「椅子なし」の取り組みを紹介してきましたが、武蔵野ではすべての従業員に椅子がないわけではありません。

社長、営業関係の管理職以上の椅子はありませんが、総務や経理関係部署には椅子があります。

いつもいろいろな企業の社長にも言っていますが、要は椅子が必要な部署と取っ払うべき部署を**社長自身が自分の頭で考え見極め、ケース・バイ・ケースで判断**する。これが大事です。

第5章

「辞めない社員」の育て方

武蔵野の新卒社員が辞めない「5つ」の理由

●——新卒25人中退職者ゼロの奇跡

厚生労働省が発表した「新規大学卒業就職者の事業所規模別離職状況（2014年3月卒）」によると、**2014年4月に入社した新卒社員の1年目までの離職率は「12・2%」**です。

この数字は、大企業も中小企業も含んだ平均であり、事業所規模別に見ていくと、**規模の小さい会社（従業員数が少ない会社）ほど離職率は高く**なっています。

【事業所規模別離職状況】

5人未満→31・3%

5〜29人→23・1％
30〜99人→15・8％
100〜499人→12・1％
500〜999人→10・3％
1000人以上→7・5％

武蔵野の1年目社員の離職率は、他の中小企業に比べるとこれまでも低かったのですが、それでも、残業問題に取り組むまでは（2014年度以前）、例年、数人の社員が1年未満で辞めていきました。2013年度は、19人が入社し、3人が辞めています。

でも、**残業問題に取り組み始めてからは、離職率が大幅に改善**されています。

2014年度は15人採用して、1年未満で辞めた社員はひとりだけです。それも、会社や仕事に不満があったわけではなく、病気によるやむをえない退職です。

2015年度に至っては、**25人採用してひとりも辞めていません**（2016年10月現在）。

●—新卒社員の定着率を上げる5つの秘策

武蔵野では、新卒社員の定着率を上げるために、さまざまな取り組みを行っています。定着率向上に貢献しているおもな取り組みは、次の「5つ」です。

❶ 管理職の数を増やして、「目が行き届く」ようにする
❷ 課長職以上は「3年定年制」にする
❸ 新卒社員は、入社後1年で異動させる
❹ 「インストラクター」と「お世話係」に新卒をフォローさせる
❺ 内定者研修を実施する

❶ 管理職の数を増やして、「目が行き届く」ようにする

わが社は、「管理職(課長職以上)」が70人を超えています。全社員の約3分の1です。「石を投げたら課長に当たる。投げなくても課長に当たる」のが武蔵野です。

この70人以上の中で、過去7年以内に辞めた人は、八木澤学、ただひとりだけです。

でも、辞めた八木澤も今は戻ってきているので、**実質ゼロ**です。


管理職を多くする理由は、「2つ」あります。

ひとつは、役職を与えることで、**責任感を持つ**からです。

他の会社で課長になれない人材でも、武蔵野なら「課長」の名刺を持てます。そうすれば、まわりの見る目が変わるから、本人のやる気も上がります。


2つ目の理由は、**部下を辞めさせないため**です。

ひとりの課長に50人の部下を持たせる会社もありますが、わが社に50人の部下を管理できる優秀な社員はいません。ひとりの課長が持つ部下は、「5人」が基本です。

部下の数が少ないと、能力がそれなりでも部下を持てます。人材教育に手間がかけられますし、価値観の共有も容易です。コミュニケーションも取りやすい。その結果、新卒社員が辞めなくなります。

多くの社長は、管理職が増えると、「人件費の総額が上がって損だ」と考えます。

でも、そう考えるのは、会社の数字を俯瞰《ふかん》して見ていないからです。

わが社は、**管理職を増やしたことによって生産性が上がり、残業時間も減った結果、管理職手当を上回るだけの利益を上げることができました。**

❷ 課長職以上は「3年定年制」にする

中学校に入って、野球部に入部したとします。先輩後輩の序列は絶対で、1年生は特にシゴかれる。けれど、「あと1年、あと半年我慢すれば、あの厳しい先輩がいなくなる。そうなれば、今度は自分たちが先輩になれる」と思うと、我慢できるかもしれない。

けれど、中高一貫の6年教育だと、後輩でいる期間が長くなるため、いつまで経ってもシゴかれる。だから、途中で辞めたくなる。

会社も部活に似ています。わが社は、**「課長職3年定年制」**の方針があります。

異動を繰り返すことで**管理職の多能化**が進むだけでなく、**部下の離職防止**にも役立ちます。

嫌いな課長の下についても、「長くても3年で、あの課長は別の部署に異動になる」ことがわかれば、部下は辞めずに我慢できます。

❸ 新卒社員は、入社後1年で異動させる

わが社は、人材採用にあたって、「エナジャイザー」（人と組織の診断ツール）を使用しています。

就活中の学生に「エナジャイザー」を受診してもらった結果、

「今の若い人は、同じことをやり続けると不安になり、ストレスを感じやすい」

という傾向が明らかになりました。

２０１３年度までは、「同じことをずっとやらせないと不安になり、ストレスを感じる」というトレンドでしたが、**２０１４年度以降はトレンドが真逆**になったことがわかります。

そこで現在、新卒社員には、**あらかじめ「１年以内に人事異動」と伝えています**。

私が新卒懇親会で、「今年、ダスキン事業部に入社した社員は、１年以内に全員人事異動する！」と宣言したら、全員が、

「わぁ〜、人事異動だぁ〜！」

と**喜びました**（私は、驚きました）。

今までとはトレンドが違う社員が入ったから、彼ら、彼女らに合わせて会社を変える。そうしないと、会社の業績も、社員の定着率も上がりません。

従来の会社のやり方に若者を合わせると、失敗します。そうではなく、**若い人たちのトレンドに会社を合わせる。これが仕組みづくりの秘訣**です。

❹「インストラクター」と「お世話係」に新卒をフォローさせる

新入社員の教育は「部署ごとの先輩がOJT（オン・ザ・ジョブ・トレーニング／職場で実務をさせるトレーニング）をする」のが一般的に多いやり方です。

しかし、それだと、教える先輩の力量によって差が出ます。

そこで武蔵野は、**「インストラクター制度」**を設けています。

それぞれの教育レベルを合わせるために（指導する社員のレベルがバラつかないように）、**入社3年目社員をインストラクターに据《す》えて新人の指導**を行っています。

現在、**3人のインストラクターで25人の新卒社員の教育**を受け持っています。

3年目社員の皆川真祐子課長も、インストラクターのひとりです。

「新卒社員と一緒に現場に出て、仕事のやり方を教えるのが私の役割です。彼らはまだ仕事を覚えていないので、どうしても帰りが遅くなります。新人の中には、夜10時をすぎても仕事が終わらない人もいる。

今は、**『遅くとも、夜9時には会社を出る』**ことが目標です。毎朝、『今日は何時に支店に戻って、何時には会社を出ようね』と**終わりの時間**を決めて、そのためにはどうしたらいいのかを**新人と一緒に**考えています」（皆川）

3年目社員にインストラクターを任せるのは、年齢やキャリアが近い分、**「新人の悩みが理解できる」**からです。ベテラン社員に任せると、「これくらいはわかるだろう」と思い込み、指導が上から目線で一方的になってしまいます。

以前、こんなことがありました。

私（小山）が、入社したばかりの新人をともなってお客様訪問をしたときのことです。

私は、あるビルの玄関に、ライバル会社の足ふきマットが敷かれていたのに気づきました。そこで、隣にいる新人社員にこう命じた。

「あそこにある玄関マットをめくってきなさい」

すると彼は玄関まで走っていき、マットの裾《すそ》をつまんで、文字どおりめくって見せた。私はこのとき、腰が砕けそうになりました。なぜなら、ダストコントロール業界では、「めくる」＝「ライバルからお客様を奪う」という意味だからです。

「めくる」は日常的に使う用語で、私は「言葉の意味をわかっている」という前提で話しかけたが、そうではなかった。

このときの経験から、「入社10年、20年のベテランと新人とではレベルは違うし、話す言葉も違う。人材教育の先生としてふさわしいのは、**新人より少しだけ経験のある社員**である」ことに気がついたのです。

また、インストラクターの他に、**新卒社員ひとりひとりに「お世話係」**をつけています。

お世話係は、**2年目社員の仕事**です。お世話係は、新卒社員にとって「自分専用の保護者」のような存在です（お世話係には**3か月間手当を支給**）。

現在、お世話係をしている2年目の亀田匠海《たくみ》は、自分が新入社員だった頃、「お世話係の先輩がいたから、辞めずにすんだ」と話しています。

「武蔵野の教育は、『習うより慣れろ』『実務が先、理論が後』で、入社して2か月もすると、もう独り立ちをさせられます。まだ羽がちゃんと生えていない新人に、いきなり巣立ちをさせるのです（笑）。羽が生えていないので、当然、落下しますよね。

私も、失敗ばかり続いて、上司にメチャクチャ怒られました。『亀田、おまえ、調子に乗るな！』って。当然ヘコみますが、そんなとき、お世話係の先輩の臼井健太さんが話を聞いてくれたり、飲みに連れていってくれました。**上司には弱音を吐けませんが、お世話係の先輩社員になら、吐き出すことができる。**『もうムリです。明日はもう会社に行きません』と、何度、愚痴をこぼしたことか！（笑）。先輩が話を聞いてくれたり、アドバイスをくれたおかげで、私は辞めずにすんだのです」（亀田）

❺ 内定者研修を実施する

私は、**内定者教育**に力を入れています。

内定者は、「環境整備研修」「ビジネスマナー研修」「実行計画作成研修」「セールス研修」「内定者実践塾」「インターンシップ（社長のかばん持ち）」「給料体系勉強会」など、さまざまな勉強会に参加します。

その結果、入社後の営業結果で先輩社員を圧倒することが多く見られ、定着率も上がっています。

●――入社前と入社後のギャップを取り除く

わが社は、学生に**「ありのままを見せる」**ことを徹底しています。

台風がくれば雨漏りしそうな社屋を見せ、**1985年以来、鴨居より上を掃除していない社長室の一部**を見せる（創業当時の匂いや佇《たたず》まいを残すために、社長室は環境整備の対象外）。

偽りのないわが社を見せて、「武蔵野は、こういう会社です。それでもよろしければエントリーしてください」と言っています。

わが社の新卒社員は、「武蔵野はこういう会社だ」と承知のうえで入社するので、入社前と入社後とのギャップが少ない。だから辞めません。もちろん、小さなギャップはあります。内定期間中に、

「あなたは仕事ができると思いますか？」

というアンケートを取ると、多くの学生が「できる」と前向きな答えをします。ところが入社後1か月もすると、ほぼ全員が「自分がこんなにも仕事ができないとは思わなかった」と自信をなくす。これもギャップです。

このギャップを埋める手伝いをするのが、**入社3年目のインストラクターや入社2年目のお世話係**です。

かつての武蔵野は、新入社員のフォローがおざなりになっていました。だから、定着率が低かった。

けれど現在は、新入社員のギャップを取り除き、社員のやる気を喚起する施策を充実させています。その結果、**新卒社員の定着率が大幅に向上**したのです。

社員教育をした優秀な社員が辞めると会社が「得」する!?

●──やむなく社員が辞めてもプラスに考える

これからは**「人が辞めない会社」が生き残る時代**ですから、武蔵野から誰ひとり、辞めてほしくはありません。私は、社員が定着するための努力を惜しまない。けれど、それでも、辞めることがあります。

社員教育にお金と時間をかけ、ようやく一人前になった社員が辞めると、多くの社長は、「今まで費やしたお金と時間がムダになった」「社員教育にお金をかけたのに、辞められたら損」と考えます。

でも私は、ムダだとも、損だとも思いません。

むしろ、社員教育をして辞められたら**「得」**だと考える。特に、長年在籍して、給料も地位もそれなりに高い社員が辞めると、得をします。

どうして社員が辞めると得をするのでしょうか。

理由は「4つ」です。

❶人件費や教育研修費が少なくすむ
❷潜在能力の高い社員が入社する
❸社内が活性化する
❹社会貢献になる

❶人件費や教育研修費が少なくすむ

高い給料を払っている社員が辞め、その代わりに、新人社員を安い給料で迎え入れると、人件費を抑えられます。

給料も地位もそれなりに高い社員が辞めれば、人件費が圧縮できるので損益分岐点も低くなる。

❷潜在能力の高い社員が入社する

新人社員は、「すでにある程度の知識を持っている」ため、レベルが高い。

10年前の会社のレベルが「10」だったとします。業績が上がって会社のレベルが「20」になったとき、Aさんが会社を辞めました。

Aさんに代わって入社した新入社員Bさんは、「すでにレベル20に対応している」とみなすことができます。欠員補充をかけると、自分の会社のレベルに合った人がくるからです。

すると、Aさんよりも安い給料で、潜在能力の高いBさんを雇用できます。数年教育すれば、BさんはAさんと同じ仕事ができるようになる。

古参の部長クラスは、会社のお金を使って、勤務時間中にエクセルの使い方を教えました。

ところが新人社員は、ITのスキルをすでに持っている。学生時代から日常的にエクセルを使っているので、一から教える必要がありません。

❸社内が活性化する

ポストが空けば、辞めた社員よりも若い社員がそのポストに昇格します。チャンスを与えられた若手社員はやる気になります。

❹ 社会貢献になる

武蔵野は徹底して社員教育をしているので、わが社で鍛えられた社員が他社に移ると、活躍する可能性が高い。それは立派な社会貢献になります。

「ダブルキャスト化」で社員の層を厚くせよ

●――中小企業はミュージカルに学べ

20数年前に、ブロードウェイで、ミュージカル『キャッツ』を観劇しました。

『キャッツ』はダブルキャスト（同じ役をこなせる人を2人以上用意すること）によって、ロングラン公演を可能にしていました。

ダブルキャストは、「役者の体力やスケジュールを考慮できる」「別の仕事を抱えている役者が稽古に出られなくても、もうひとりが稽古に参加することで、他の役者に迷惑をかけない」「万が一、ひとりが病気などによって降板してもカバーできる」「同じ役の役者同士が競い合うことで質が上がる」といったメリットがあります。

私は、**中小企業もミュージカルと同じで、社員の「ダブルキャスト化」**を整えておくべきと考えています。

ダブルキャスト化が進めば、社員が急病で休んでも作業が止まることはありません。滞っている作業に応援を出すこともでき、時間短縮も可能です。

わが社では、社員を「強制的に休ませる」仕組みとして、長期有給休暇制度を設けています。

課長職以上は、月末から月初にかけて**「連続9日間の有給休暇」**を取らせます（休暇中に仕事をすると始末書を提出させます）。

月末月初はどの現場も忙しいため、抜けた穴を誰かが補わなければいけません。

部長が休めば課長が部長の代わりをし、課長が休めば一般社員が課長の代わりをするようになる。そうすることで社員の層が厚くなり、ダブルキャスト化が実現します。

人事異動によって現場が混乱するのは、一人一役だからです。**すべての部署でダブルキャストの体制**を整えておけば、いつでも臨機応変に人事異動ができます。

前述のように、わが社の経理部門は、3人しかいません（2年ごとに担当者を交代）。ひとりが出金担当で、もうひとりが入金担当と業務を分けています。もうひとりがパートで補助業務です。

そして、1年経ったら、入金担当と出金担当を入れ替えています（出金担当者が入金担当者になる）。

役割を入れ替える理由のひとつは、**不正を防止**するため。

もうひとつは、**残業を減らす**ためです。

手の空いているほうが仕事をフォローできるので、業務を早く終わらせることができます。

●——新卒社員も成果が出せるように、仕組み化を徹底

２００９年に、パートが主力のコールセンターが「事業部賞」を獲得しました。

なぜ賞を獲れたのかと言えば、**コールセンター全員がダブルキャスト／トリプルキャスト化を進め、ひとつの仕事を何人もがこなせるようにした**からです。

これにより、**月に平均80時間あった残業を「月10時間」にまで減らした**こともありました。

武蔵野の強みは、**総合力**です。

野球にたとえれば、「中堅レベルの選手が、切れ目なく、１番から９番まで揃っているようなチーム」と言えるでしょう。

しかも、控えにもレギュラーと同レベルの選手がいるため、ケガをしても戦力が落ちない。また、ひとりの選手がいくつかのポジションをこなすことができるため、穴がありません。

マニュアルやダブルキャスト体制が整っているから強い。

今ある業務の「仕組み化・マニュアル化・ダブルキャスト化」を徹底すれば、新人も以前より短時間でベテランと同様の成果を出せるようになります。

強い社員を育てるには、早い段階で「量」を与える

●──社員教育で大事なのは、質よりも量

私は、社員教育に「質」を求めていません。特に新人教育は**「質より量」**が正しいと考えています。

仮に、『自転車入門』という教則本があって、時代を超えた名著だったとします。名著ということは、この本に書かれてある内容は「質」が高い。

では、自転車に乗ったことのない人がこの本を1回読んだだけで、自転車を乗りこなせ

るようになるでしょうか？

乗れるようにはなりません。知識ばかり詰め込んでも、実務がともなわなければ、できるようにはならない。

最初は補助輪がついた状態で自転車に乗り、慣れてきたら補助輪を外して、ときにはひっくり返りながら、何度も何度も練習して覚えていきます。

場数を踏んで、少しずつ体得しないと、自転車を乗りこなせるようにはならない。

新人教育も、**量**です。**場数**です。

新人に、概念や理念や理屈を伝えたところで、仕事ができるようにはならない。小さなことでも、簡単なことでも、**大量にやらせて少しずつ体得**させていくしかありません。

質は、目指してできるものではありません。質は、量を積み重ねることで得られるものです。量をある程度以上こなさないと、質的変換は起こりません。

だとすれば、**簡単な仕事でいいから、どんどん与えていくのが正しい教育**です。量を追求したほうが、はるかに社員は成長します。

「プロローグ」で紹介した久木野厚則と小林哲也は、現在、幹部として武蔵野を支えています。彼らが力をつけたのは、ダスキン事業部が「ブラック事業部」と言われていた時代に**圧倒的な量の仕事**をこなし、そして、「日本経営品質賞」のチャレンジをきっかけに、**圧倒的な量の社員教育**を受けてきたからです。

北良株式会社の笠井社長は、かつて外資系企業に勤め、「寝る間も惜しんで、人の２倍も３倍も仕事をした」と言います。

「自分の例で言えば、『早く一人前になりたい』という気持ちが強かったです。仕事は面白かったですし、非常にクリエイティブな仕事をやらせてもらっていたので、『寝ている時間がもったいない』と思っていました。

早朝から深夜０時くらいまで仕事をして、気絶するように寝て、翌朝、目が覚めたときに、『まだオレは生きているなあ』みたいな（笑）。

でも、人の何倍も働いたから、仕事への興味や探究心が満たされたのです。若いときにムリをしたから仕事の効率が上がった。それは事実です。

小山社長がおっしゃるように、『量をこなさなければ、質は変わらない』と私も思います。けれど、私が若かったときのやり方が、今の若い社員に通じるわけではありません。

ですから、私のやり方を押しつけてはいけません。**量を与えながら、なおかつ、長時間労働にならないように時間を管理**していく。そのためにはどうすべきかを考えているところです」（笠井社長）

●――どうして「飲み会」を開くほど残業がなくなる？

上司と部下のコミュニケーションも**回数**です。

つまり、量が大切です。

残業問題は、社員の協力がなければ前に進みません。ですから、社内のコミュニケーションをよくしておく必要があります。

株式会社渡辺住研の渡邉社長は、「社員をお酒で釣る」ことで、残業を減らすという面白い取り組みを始めています。

「午後3時くらいに、チャットワークを使って、突然、**『今日の午後6時から飲みにこられる人には、社長がタダ酒をごちそうします。先着6名』**といった内容を送ります。

すると、タダ酒が飲みたい社員は、なんとかその時間までに仕事を終わらせようとする

（笑）。一度、人数を制限しないでやったら、15人集まりました。

社長と社員が一緒に飲むことで距離が近くなるし、残業もしなくなるし、一石二鳥です。

残業をしない社員はいい思いができる。

そういう仕組みづくりが大切ですね」（渡邉社長）

30時間超の残業社員には個別面談

ヤマダユニア株式会社（静岡県／清掃・設備・造園・ビルメンテナンス）の山田充浩《みつひろ》社長は、**「残業が月30時間を超えている社員」に対して、支店長（清水・静岡・富士・熊本）と部下の個人面談**を実施しています。

「毎月、全社員の出退勤データを取り寄せて、残業時間をチェックしています。30時間を超えている社員はデータに『赤印』がついていて、赤印の社員は、月に一度、支店長と面談するのが決まりです。30時間以上残業する社員に共通しているのは、『マイペース』であることと、『自分で仕事をつくってしまう』ことです」（山田社長）

効率的に段取りをすれば早く終わるのに、やらなくてもいいことまでやろうとして、残業分の仕事をつくっている。だから、仕事が遅くなる。

定期的に面談を実施することで、仕事が遅くなる原因を明らかにするのが山田社長の狙いです。

「面談では、仕事の進捗状況や勤務状況について振り返り、**『どうして残業時間が多くなったのか』、その原因**を見つけ改善につなげていきます。

管理職（管理監督者）は、残業代はつきませんが、タイムカードのコピーを提出させて、**『休みが取れていない理由』や『遅くまで仕事をしている理由』**を確認し、改めるように指導しています。面談を始めてまだ半年ですが、それでも**30時間以上残業する社員数は明らかに減って**います」（山田社長）

巻末スペシャル

躍進する「32社の社長」が こっそり教える 「残業ゼロ」を実現する 5つの秘策

本書に掲載した32社の社長に
「残業を減らすために大切なこと」を挙げていただいた結果、
最も多かった答えがここに掲載した「5つ」でした。
残業問題への取り組みは、まず、ここから始めましょう。

❶ 社長が強い「決意」を示す

残業が減るか、減らないかは、社長の決意で決まります。

残業を減らすためには、**「残業を放置する社長は、犯罪者と同じである」**ことを肝に銘じて、**「残業を減らす」と決意**することです。

社員からの反発を受けても、抵抗勢力が現われても、**決して引かない強い決意**を持って、残業問題に切り込む姿勢が大切です。

「残業問題に限らず、会社を変えていこうと思うなら、**社長自身が『何が何でも、やる！』**と思わないと、絶対にうまくいかないと思います」（株式会社マキノ祭典／牧野昌克社長）

「残業をなくすには、**社長の決意を『数字』で示す**ことが必要です。当社では、経営計画書に**『月に100時間以上働いてはいけない』**と明文化しています」（株式会社プリマベ

ーラ／吉川充秀社長）

❷ 退社時間を「チェック」する

社長が「早く帰れ」と言ったところで、実際には帰りません。

人間というのは、指示をされてもやらない。それがまともな社員です。

社員は「自分の仕事は常にチェックされる」と思うから動きます。

タイムカードをチェックする。**事務所の施錠時間**をチェックする。**残業申請書を提出させて、「残業をする理由」**をチェックする。**上司と部下が定期的に面談を行い、「残業をしないで早く帰っているか」**をチェックする。

こうして、社長の決定がきちんと実行されているかを確認しなければなりません。

「夜10時以降は会社に残れないように、**ネットワークカメラ**を設置して、事務所に人が残っていないかを確認するようにしています」（ランドマーク税理士法人／清田幸弘代表）

「閉店後もダラダラと仕事をするので、深夜0時くらいまで会社に残る社員もいました。そこで、**警備会社から毎月データをもらい、施錠時間を確認**するようにしています」（株式会社リカースペース太陽／三野智弘社長）

「事前の残業申請やタイムカードのチェックを徹底します。さらに、**残業を賞与の評価に連動させ、残業が多くなると、賞与が少なくなるルール**を決めました。**申請書に残業する理由を明記**するように徹底したところ、仕事をしているフリがなくなって、残業をする社員が減りました」（株式会社末吉ネームプレート製作所／沼上昌範社長）

❸「終わりの時間」を決める

仕事の管理で大切なのは、**「終わりの時間」を明確**にすることです。

「終わりの時間」を決めると、集中して仕事をするようになるので、「短い時間で質の高い仕事」ができるようになります。

また、「終わりの時間」が決まると、「少ない時間で、今までと同じ成果を挙げるためにはどうしたらいいか」を考えるため、仕事のやり方を工夫するようになります。

「幹部社員でも夜8時には会社を出るように徹底しています。どうしても残業が発生するときは、**残業申請書の提出を義務づけ**ています」(古川紙工株式会社／古川慎人社長)

「明日から定時で帰ると決定しても、すぐには実行できません。

そこで、『**1日1分だけ昨日より早く終わる**』ことを目標にしています。**実施後3か月間で夜8時30分には帰れる会社**に変わっています」(株式会社ＩＳＯ総合研究所／山口智朗社長)

❹ 価値観を共有する

能力のある社員を集めても、価値観が揃っていなければ、組織はバラバラになります。

社長の決定を実行するのが社員の仕事です。

社長と同じ感性を持つ、価値観を共有できる社員が多いほど、残業問題はスムーズに解決していきます。

飲み会、面談、勉強会などを頻繁に実施して、**「なぜ、残業を減らす必要があるのか」**を社員に周知する必要がある。

「残業が月平均77時間から『38時間』にまで減った理由は、社員の価値観が揃ったからです。環境整備と経営計画書によって、価値観を共有できたことが最も大きかったと思います」（カルモ鋳工株式会社／髙橋直哉社長）

「残業時間が30時間を超えている社員は月に一度、支店長と面談するのが決まりです。

面談では、仕事の進捗状況について振り返り、『どうして残業時間が多くなったのか』、その**原因を見つけ改善**につなげています」（ヤマダユニア株式会社／山田充浩社長）

❺ 整理・整頓をする

「整理」とは、捨てることです。

整理が身につくと、どの仕事を優先し、どの仕事はやらなくていいのか、的確に判断できるようになり、ムダがなくなります。

その結果、仕事が早く終わります。

「整頓」とは、揃えること。

いつも同じところに、同じ状態で物が置いてあるため、探す時間が省ける。整頓が身につくと、仕事の段取りを考えたり、仕事の均一化を図ることができます。

「環境整備の持つ『**仕事をしやすくする環境を整えて備える**』の概念は、生産性を高くしてくれます。工具ひとつを取っても、ここからあっちまで20歩かかって作業をするのと、一歩、二歩で取って作業をするのとでは、作業のスピードが変わります」（和幸工業株式会社／五十嵐正社長）

「整理と整頓を徹底したおかげで、物を探す時間が少なくなりましたし、社員のコミュニケーションがよくなりました。

また、社員が自発的に、『**どのように物を配置すれば、使いやすくなるのか**』『**もっとこうしたほうが、使い勝手がよくなるのではないか**』を試行錯誤するようになって、業務改善が進みました」（株式会社イガラシ／五十嵐啓二社長）

エピローグ

現在、日本全国600社超の会社の指導をしていますが、今回の32社の躍進ぶりには驚きました。

いいところは**「徹底的にパクる（TTP）」**——これが私のモットーで、サポート企業の改善例の中にいいものがあれば、徹底的にパクります。

つまり、現場に教えに行って現場の学びを自社の経営に活かす。これを日々やっている。

2014年度から武蔵野がやってきた生産性アップ、「残業ゼロ」への取り組みは、ほんの些細なことから始まりました。

大きなことをやろうとしてはいけません。まずは、ほんの小さな一歩を幹部、社員とともに踏み出すことが大事です。

そして、成果は急がない。けれど、取り組みのスピードをどんどん上げていきましょう。第3章で、わが社がたった2年強で1億5000万円の人件費削減に成功した事例を取り上げましたが、大事なことをつきつめてみれば、巻末スペシャルの「5つの秘策」に集約されています。

正直なところ、残業改革前は「そんなに早くうまくいくわけない。気長にやろう」と思っていました。

しかし、数々の取り組みを同時多発的にやっていったところ、次々と数字が雄弁に語り始めた！

各部署からの報告を聞き、「ホントに？」と何度雄叫《おたけ》びをあげたかわかりません。

誰よりも驚いたのは他ならぬ私だった！

これからの時代、社員の犠牲の上での経営は成り立ちません。人を大切にする会社だけが生き残ります。

読者のみなさんも、だまされたと思って、本書の取り組みをひとつでもやってみてください。

成果は必ずあらわれます。

すると、社員が自信を持って会社が大きく変わります。

最後までお読みいただき、ありがとうございました。

株式会社武蔵野　代表取締役社長　小山　昇

【著者プロフィール】

小山　昇（こやま・のぼる）

株式会社武蔵野代表取締役社長。1948年山梨県生まれ。

東京経済大学を卒業し、日本サービスマーチャンダイザー株式会社（現在の株式会社武蔵野）に入社。一時期、独立して株式会社ベリーを経営していたが、1987年に株式会社武蔵野に復帰。1989年より社長に就任して現在に至る。

「大卒は２人だけ、それなりの人材しか集まらなかった落ちこぼれ集団」を毎年増収増益の優良企業に育てる。2001年から同社の経営の仕組みを紹介する「経営サポート事業」を展開。現在、600社超の会員企業を指導している他、「実践経営塾」「実践幹部塾」「実践社員塾」「経営計画書作成セミナー」など、全国各地で年間240回以上の講演・セミナーを開催。

1999年度「電子メッセージング協議会会長賞」、2001年度「経済産業大臣賞」、2004年度、経済産業省が推進する「IT経営百選最優秀賞」をそれぞれ受賞。日本で初めて「日本経営品質賞」を２度受賞（2000年度、2010年度）。

2004年からスタートした、３日で108万円の現場研修（＝１日36万円の「かばん持ち」）が年々話題となり、現在、70人・１年待ちの人気プログラムとなっている。

『１日36万円のかばん持ち』『【決定版】朝一番の掃除で、あなたの会社が儲かる！』『朝30分の掃除から儲かる会社に変わる』『強い会社の教科書』（以上、ダイヤモンド社）、『99％の社長が知らない銀行とお金の話』『無担保で16億円借りる小山昇の“実践”銀行交渉術』（以上、あさ出版）、『【増補改訂版】仕事ができる人の心得』（CCCメディアハウス）などベスト＆ロングセラー多数。

残業ゼロがすべてを解決する
——ダラダラ社員がキビキビ動く９のコツ

2016年12月１日　第１刷発行

著　者——小山 昇
発行所——ダイヤモンド社
〒150-8409　東京都渋谷区神宮前6-12-17
http://www.diamond.co.jp/
電話／03･5778･7236（編集）　03･5778･7240（販売）
装丁————竹内雄二
編集協力——藤吉 豊（クロロス）
本文デザイン･DTP—布施育哉
製作進行——ダイヤモンド・グラフィック社
印刷————文唱堂印刷株式会社
製本————本村製本株式会社
編集担当——寺田庸二

ISBN 978-4-478-06983-7